< 선비들의 평생 공부법 시리즈 3부작 제2권 >

(공부에 모든 것을 걸 줄 안 공부의 대가들)

조선 최고의 공부 천재들

" 선비들에게 공부는 기술이 아니라, 인생 그 자체였다."

< 선비들의 평생 공부법 시리즈 3부작 제2권 >

(공부에 모든 것을 걸 줄 안 공부의 대가들)

조선 최고의 공부 천재들.

타고난 재능이 아니라, 끈기로 공부 천재가 된 선비들

" 선비들에게 공부는 기술이 아니라, 인생 그 자체였다."

머리말 _ 백년도 못 되는 인생이 공부를 하지 않는다면 ...

조선 선비들에게 있어서 공부란 과연 어떤 것이었을까? 그리고 그들은 왜 목숨을 걸고 그렇게 공부했던 것일까? 누구를 위한, 무엇을 위한, 또 무엇을 했던 것일까?

이 책은 바로 이러한 질문에 대해 순수하게 공부라는 측면에 대해서 그들을 탐구하고 연구한 결과물이라고 할 수 있다.

'공부를 그저 출세의 수단으로만 여겨서는 공부도 잃고 나도 잃는다.'

'백년도 못 되는 인생이 공부를 하지 않는다면 이 세상에 살다 간 보람을 어디서 찾겠는가?'

' 사람이 세상에 나서 책을 안 읽고(공부를 하지 않고) 무슨 일을 하겠는가?'

조선 최고의 지식 경영자 다산 정약용 선생의 이 말처럼 공부는 해도 되고, 안 해도 되는 것이 아니라는 생각이 든다. 어제 배운 지식이 오늘은 더 이상 쓸모없는 죽은 지식이 되어 버리는 그런 21세기 변혁의 시대에는 더욱더 공부의 필요성이 강조된다.

이러한 치열한 시대에도 불구하고 공부를 하지 않는 사람들은 과연 무슨 배짱으로 하루하루를 살아가고 있는 것일까?

조선 시대 우리의 선비들은 과연 공부란 것을 무엇이라고 여겼고, 공부를 어떤 마음 자세로 했던 것일까? 그래서 그분들이 공부를 통해 이루고 배우고 익힌 것들은 과연 어떤 것들이었을까?

필자는 예전에 중국 현인들의 공부법에 대한 주제의 어떤 책을 읽고서 큰 감명을 받고 감동을 받았다. 하지만 한 가지 불만이 생겼다. 그것은 이것이었다.

‘왜 한국의 선비들도 이들 못지않게 공부의 대가들이었고, 공부에 모든 것을 걸고 공부를 통해 이룬 것이 적지 않았는데도 다른 나라의 현인들에 대한 공부법이란 책이 먼저 나온 것일까?’

이러한 불만을 품고, 반드시 우리 선조들의 공부법에 대한 책을 쓰겠다고 결심했다. 하지만 먹고 살기에 바빠서 시작하고 결단하지 못하다가 이제 겨우 시작하게 되었던 것이다. 이 책은 바로 그러한 동기에서 씨앗을 이미 품었던 책이었음을 미리 밝혀 둔다.

이 책을 통해 얻을 수 있는 한 가지 유익함은 우리 선조들의 공부에 대한 치열한 자세와 공부에 대한 생각을 확실하게 알 수 있게 될 것이라는 것이다.

다산 선생을 매우 존경했던 한 명으로서, 이제 좀 더 그 존경의 범위를 확산시켜 다양한 조선 선비들의 공부법과 공부에 대한 그분들의 치열한 의식을 파헤침으로써 우리 선조의 공부에 대해 좀 더 깊고 넓게 알아보고 싶었다.

다산 선생의 말들을 통해 평생 공부하는 사람이 모름지기 가져야 할 자세와 의식을 배웠다면 이제 범위를 확산시켜 다른 선조들의 공부의 세계에 빠져들고 싶었다.

이 책은 우리 선조들의 공부법에 대한 치열한 공부의 부산물이기도 하다. 그리고 또한 이 책은 지금까지 제대로 종합적으로 정리되지 못 한 우리 선조들의 공부에 대한 종합적인 탐구서이자 선조들의 공부에 대해 연구하고 공부하고자 하는 사람들의 첫 입문서 역할을 제대로 해 줄 것이라고 생각한다.

서양의 현인들, 중국의 현인들에 대해서 공부하고 연구한 책들은 지금도 우리 선조들에 대한 공부와 연구보다 훨씬 더 많다는 사실은 가슴 아픈 현실이기도 하다.

그렇기 때문에 이 책은 조금이라도 이러한 사실을 회복시키기 위한 몸부림이라고 생각해야 할 것 같다.

우리 선조들의 공부법을 보면 몇 가지 두드러진 특징이 있다. 그것들을 먼저 정리해 보면 '공부는 사람다운 사람이 되기 위해 누구나 해야만 하는 아주 가까이 있는 것이며, 특별한 사람만이 하는 것은 아니다' 라고 강조한 율곡 이이와 '옥도 다듬지 않을 수 없고, 재목도 깎지 않을 수 없으며, 사람도 배우지 않을 수 없는 것이다.' 라고 말한 담헌 홍대용 선생, 그리고 ' ' 사람이 세상에 나서 책을 안 읽고(공부를 하지 않고) 무슨 일을 하겠는가?' 라고 말한 다산 정약용 선생의 말처럼 공부는 사람이라면 누구나 해야 하는 것이라는 사실을 강조했음을 알 수 있다.

'공부를 그저 출세의 수단으로만 여겨서는 공부도 잃고 나도 잃는 다.' 라고 말한 다산 선생과 " 독서를 하면서 써먹을 것을 구하는 것은 모두 사심에서 비롯된 것인데, 해 마칠 때까지 독서를 해도 학문에 진보가 없는 것은 사의(私意)가 그것을 해치기 때문이다." 라고 말한 연암 박지원 선생의 말에서처럼 공부는 다른 수단을 위해서 하는 것이 아니라는 것을 알 수 있다.

또한 선비들의 공부법을 통해 배울 수 있는 것들은 '명색은 책을 읽는다 하면서 실제 몸으로 행하지 못하면 문장을 아름답게 꾸미게 하고 입만 번지르르하게 하는 도구일 뿐이니, 진정한 학문', 즉 참된 공부가 아니다' 라고 말한 명재 윤증의 말을 토대로 볼 때, 행함을 강조했다는 것을 알 수 있다.

우리 선조들의 공부에 대한 생각을 큰 것들로만 몇 가지 정리해 보면 이렇다.

첫째, 공부는 인간이라면 누구나 마땅히 해야 하는 것.

둘째, 공부를 다른 것들의 수단으로 여겨서는 안 된다는 것.

셋째. 공부하는 데 잔꾀를 부리지 않는다는 것.

넷째. 공부를 했다면 몸으로 행해야 한다는 것.

다섯째. 공부했다면 자신이 겸손해져야 한다

는 것.

한 마디로 우리 조상들의 공부에 대한 견해는 '사람으로서 세상에 태어났다면, 반드시 해야 하는 것이며, 그것에 진정한 기쁨과 즐거움과 삶의 의미와 인간답게 살아가는 길이 있으며, 더불어 몸으로 실천하는 행함이 어우러지는 삶으로서의 공부'를 의미하는 것 같다.

우리 선조들의 공부법을 통해 보다 밝은 한국 사회와 미래를 열어 가는 데 조금 이라도 일조를 했으면 좋겠다.

끝으로 이 책을 읽는 독자들이 오해를 하지 않아야 할 점이 하나 있다. 그것은 이미 조선의 선비들에 대한 공부에 대한 좋은 책들이 권위 있는 학자들에 의해 많이 출간되어 있는 것은 사실이다. 하지만 그 책들이 모두 수준이 높고 다소 일반 대중들이 보기에 어렵다는 것이다. 일반 대중들이 접근하기에는 다소 학문적이고 난해하다는 점을 부인할 수 없다.

이 책은 바로 이러한 점을 해결해 주는 교량 역할을 하는 책이라고 할 수 있다. 즉 필자의 가장 큰 장점은 어려운 주제나 이야기를 대중들이 쉽고 편하게 재미있고 유익하게 읽을 수 있도록 풀어서 전달해 주는 그런 대중적인 글쓰기라는 점이다.

이 책도 바로 그런 책이다. 조선 선비들에 대해 잘 설명해 놓은 수준 높은 책들을 좀 더 쉽고 편하고 재미도 있게 적절하게 소개함으로써 독자들로 하여금 난해하고 어려운 책들을 좀 더 쉽고 편하게 읽을 수 있도록 해 주는 국문학과 조선 선비들의 공부에 대한 대중적인 입문서 역할을 해 주는 책이라는 점이다.

그래서 이미 조선의 선비에 대한 학식이 높은 사람들은 그저 참조용으로 읽으면 될 것이고, 일반 대중들은 수준이 높고 이해하기 힘들고 그래서 재미가 반감되었던, 그래서 잘 읽지 않았던 선비들의 공부에 대한 주제의 책들을 좀 더 재미있게 읽기 위한 입문서로 사용하면 좋을 책임을 미리 밝혀 둔다.

한국의 지식인 혹은 교양인으로서 최소한 우리 선조들의 공부에 대하여 알고 있어야 할 정도의 교양을 위한 책으로 읽어도 별 무리가 없을 것이다. 너무 딱딱하고 어렵지 않게 대중들을 위한 선비들의 평생 공부법이란 이 책을 통해 과거 우리 선조들의 공부의 발자취를 더듬어 보는 좋은 기회가 되었으면 좋겠다.

마지막으로 우리가 꼭 알아야 할 우리 선조들의 공부법에 대해 마지막에 정리해 놓았다. 그것을 약간만 더 간단히 소개하면 이렇다.

조선 시대 최고의 지식 경영 대가라고 해도 손색이 없는 다산 선생의 공부법은 한 마디로 '초서법' 이다. 그리고 선비는 아니었지만, 평생 책을 읽고 공부를 하여 일가를 이루었다는 점에서 조선 시대의 선비와 하나도 다를 바 없는 세종대왕의 공부법은 '백독백습' 이다. 백 번이나 반복해서 읽고, 백 번이나 쓰는 공부법이었다. 명재 윤증 선생도 역시 기록하는 공부인 차기공부(箚記工夫)를 강조했다.

남명 조식과 화담 서경덕은 모두 공부란 사물을 궁구하는 것이며 깊이 생각하고 사색하는 공부를 강조했던 선비들이었다. 또한 퇴계 이황은 공부란 거울을 닦는 것과 같기 때문에 쉬지 말고 반복해서 해야 하는 것이라고 말했다. 그렇기 때문에 당연히 그의 공부는 오래도록 하는 구원공부(久遠工夫)였던 것이고, 힘들도록 부지런하게 해야 하는 근고공부(勤苦工夫)였던 것이다.

율곡 이이의 공부법은 자경문을 통해 스스로 마음을 다잡아 스스로 해 나가는 공부였다. 그리고 혜강 최한기 선생은 세상의 출세보다는 공부 그 자체에 열정을 가지고 공부를 좋아했던 인물이었다. 담헌 홍대용 선생은 입이 아닌 마음으로 읽는 독서와 공부를 강조했다. 마음을 다잡기 위해서 책을 읽거나 공부할 때 몸가짐을 바로 하는 것을 중요하게 생각했다.

명재 윤증 선생은 행함이 없는 공부는 공부라고 하지 않았고, 언제 어디서든 공부를 해야 하고, 쉬지 않고 해야 한다는 것을 강조하면서, 큰 사람이 되는 공부를 하라고 강조했다.

퇴계이황 선생은 공부란 거울을 닦는 것과 같다고 하면서 인격을 위한 공부를 하라고 말했다. 성호 이익 선생은 자만심을 경계하고 날마다 새롭게 되는 공부를 하라고 강조했다. 화담 서경덕 선생은 공부를 하면 누구나 성인이 될 수 있다는 주장을 했고, 독서보다는 사색을 통한 공부를 강조했다. 특히 기억에 남는 것은 책을 통해 사색을 한 것이 아니라 책 없이 사색을 통해 이치를 깨닫고 그 후 책을 통해 확인하는 공부였다는 점이다.

공부법과 함께 조선 시대 선비 중에서 가장 인상에 남는 독서법을 실천했던 선비 중에서 백곡 김득신 선생을 빼놓을 수 없을 듯하다. 그는 억만 번을 읽고 또 읽어서 결국 일가를 이루고 이름을 남긴 학자였다.

그와 함께 쌍벽을 이루는 독서의 대가가 바로 '간서치' 로 널리 알려진 청정관 이덕무였다. 그는 평생 2만 권이 넘는 책을 읽었고, 남들보다 한 단계 더 규율이 있는 공부를 했던 학자였다.

조선의 선비 중에 빼놓을 수 없었던 인물은 바로 '혜강 최한기' 선생이다. 그는 출세보다는 공부를 선택했고, 과거의 전통적인 학문보다는 미래를 선택했던 학자였다. 놀랍게도 그는 1,000권의 책을 집필했던 조선 제일 선비였던 것이다.

조선 선비들의 대표적인 공부 비법과 특징을 간단하게 요약하여 정리해 보면 이렇다.

– 메모하고 기록하고 필기하는 공부 _ 다산 정약용, 명재 윤증, 세종대왕.

– 깊이 생각하고 궁리하는 공부 _ 남명 조식. 화담 서경덕, 다산 정약용.

– 반복해서 읽고 습득하는 공부 _ 세종대왕, 성호 이익, 퇴계 이황.

– 입이 아닌 마음으로 읽고 공부 _ 담헌 홍대용. 퇴계 이황, 율곡 이이.

– 중요한 대목은 암기하고 체득하는 공부 _ 담헌 홍대용.

– 언제 어디서든 쉬지 않는 공부 _ 명재 윤증. 퇴계 이황.

– 진리 탐구에 그치지 말고 실천하는 공부 _ 명재 윤증. 담헌 홍대용. 남명 조식,

– 세상에 도움을 주고 편안케 하는 공부 _ 성호 이익, 연암 박지원.

– 말을 적게 하고, 내면을 채우기 위한 공부.

_ 담헌 홍대용. 퇴계 이황. 율곡 이이.

– 큰 사람이 되는 공부 _ 명재 윤증. 율곡 이이, 화담 서경덕,

목차

– 거친 유배 생활에서 학문에 더욱 힘쓰다.

– 실제에 쓸모가 없다면 헛공부다.

– 무겁고 깊은 공부를 하라.

– 공부하지 않으면 변변치 못한 자가 된다.

– 공부할 때 가장 먼저 해야 할 세 가지 일.

– 공부는 천하에 공평한 것이다.

– 독서야말로 인간의 본분이다.

– 독서에도 방법이 있다.

– 메모하고 기록하는 독서를 하라.

– 깊이 생각하는 독서를 하라.

연암 박지원 _ 공부에는 왕도가 따로 없다.

– 하루 공부하지 않으면 얼굴빛이 달라진다.

– 조선 최고의 베스트셀러 작가

– 그의 공부와 글쓰기의 핵심은 ‘법고창신’ 이다.

– 글쓰기는 오직 진실해야 한다.

– 공부의 중요성은 그것의 실용에 있다.

- <허생전>으로 국가경제의 취약성을 고발하다.
- 은택이 천하에 미치는 공부를 하라.
- 공부에는 왕도가 없다.
- 식견이 좁은 자는 모든 것을 부정한다.

담헌 홍대용 _ 배우고 닦지 않으면 발전이 없다.

- 사람도 배우지 않을 수 없는 것이다.
- 구구단을 조선에 소개한 학자.
- 실학과 고학을 지향한 학자.
- 행실에 구차함이 없어야 한다.
- 남을 이기기 위해 공부하지 마라.
- 명예와 이욕에 골몰하는 공부를 경계하라.
- 입이 아닌 마음으로 읽는 독서를 하라.
- 책을 읽을 때는 몸가짐을 바로 해야 한다.

제2권. 조선 최고의 공부 천재들.
타고난 재능이 아니라, 끈기로 공부 천재가 된 선비들

퇴계 이황 _ 오래도록 하는 공부를 하라.

- 16세기를 대표하는 성리학자.
- 살아있을 때부터 유종으로 불린 학자.
- 공부란 수없이 반복하는 것이다.
- 공부란 거울을 닦는 것이다.
- 오래도록 하는 공부를 하라. _ 구원공부(久遠工夫)
- 힘들도록 부지런하게 공부하라. _ 근고공부(勤苦工夫)
- 인격을 위하여 하는 공부를 하라.
- 자기를 위한 공부 vs 남을 위한 공부
- 조급함을 버리고 마음을 비우고 공부하라.
- 후일을 기다리지 말고 지금 당장 공부하라.

율곡 이이 _ 스스로 나태해짐을 경계하고 부단히 노력한 공부의 신.

- 세계에 자랑할 만한 철학자.
- 조선 시대의 공부의 신 _ 구도장원공.
- 자경문으로 스스로를 경계하다.
- 조선시대의 미래학자 _ 변법경장.
- 오래 쌓아나가는 공부를 모범으로 삼아라.
- 사람다운 사람이 되기 위해 공부해야 한다.
- 당연히 해야 하는 것이 공부다.
- 겉으로 꾸미는 말과 자랑하는 것을 경계하라.
- 공부가 힘든 이유는 잘못된 습관 때문이다.
- 공부라는 것은 일상생활과 일 속에 있다.
- 공부하는 사람이 죽을 때 까지 해야 할 세 가지.

– 율곡 이이의 독서법 _ 숙독하고 통달하라.

남명 조식 _ 항상 깨어 사색하는 공부를 하라.

– 박문약례(博文約禮)한 학자
– 사색하는 공부를 강조하다.
– 가르치기 위한 공부보다는 완성을 위한 공부를 하라.
– 성성자(惺惺子)를 이용한 심성수양 공부를 하다.
– 칼을 차고 다닌 선비
– 스스로 하는 공부를 하라.
– 남에게 보이기 위한 학문을 경계하라.
– 참된 앎을 실천하는 공부를 하다.

성호 이익 _ 용맹한 장수처럼 공부하라.

– 18세기 조선 실학과 경제학의 거두.
– 임계점을 돌파하는 공부를 하라. _

취진공부((驟進工夫))

- 세상을 편안하게 하는 공부를 하라.
- 조선의 백과사전을 편찬하다.
- 자만심을 경계하고 날마다 새롭게 되는 공부를 하라.
- 가난은 선비에게 당연한 것이다.

제3권. 조선 최고의 공부와 독서 달인들 죽을 때까지 공부와 독서로 스스로를 완성한 선비들

명재 윤증 _ 쉬지 않는 공부를 해야 성취를 할 수 있다.

- 행함이 없는 공부는 공부가 아니다.
- 쉬지 않는 공부를 해야 이룸이 있다.
- 언제 어디서든 공부하라.
- 기록하는 공부를 하라. _ 차기공부

(箚記工夫)

– 큰 사람이 되는 공부를 하라.

– 끊임없는 벼슬 권유에도 나아가지 않고 공부를 한 학자.

화담 서경덕 _ 공부하면 성인이 될 수 있다.

– 공부하면 성인이 될 수 있다.

– 그침을 알게 되는 공부를 하라.

– 공부란 사물을 궁구하는 것이다.

– 3년 동안 지독하게 공부를 하다.

– 독서보다 사색을 통해 공부하다.

– 굶주림도 공부의 즐거움을 빼앗지 못하다.

– 평생 베옷을 입고 공부하다.

우암 송시열 _ 말을 적게 하는 공부를 하라.

– 말을 적게 하는 공부를 하라. _ '과언공부(寡言工夫)'

서애 유성룡 _ 마음을 다잡는 공부를 하라.

- 공부하는 자에게 중요한 것은 마음이다.

백곡 김득신 _ 조선 시대 최고의 독서가.

- 억 만 번 책을 읽고 성공한 학자.
- 읽고 또 읽는 것이 독서의 최고 비법이다.

청장관 이덕무 _ 규율이 있는 공부를 하라.

- 책만 보는 벽이 있는 사람 _ 간서치
- 평생 2만 권이 넘는 책을 읽다.
- 규율이 있는 공부를 하라.
- 다섯 번씩 읽는 독서를 하라.

혜강 최한기 _ 1,000권의 책을 집필한 조선 제일 선비.

- 1,000권의 책을 집필한 학자.
- 전통적인 학문의 권위에 도전하다.
- 책 보기를 좋아해서 잠 못 이룬 소년.
- 출사보다는 공부를 선택하다.
- 지칠 줄 모르는 탐구와 저술로 새로운 학문을 개척하다.
- 공부의 성과는 공부하는 사람 자신에게 달려있다.
- 공부란 본래 평화로운 것이다.

우리가 알아야 할 선비와 공부의 뿌리

선비란 어떤 사람들이었을까?
공부의 유래를 찾아서
또 다른 공부의 유래들
일본에서 공부의 어원적 의미
영어에서 살펴본 공부의 의미
우리 선조들, 특히 조선 선비들에게
공부란?
꼭 알아야 할 우리 선비들의 공부 비법.

조선 선비들의 대표적인 공부법과 독서법 (요약정리)

insight in 조선 선비 1 _
' 선비가 지켜야 할 36가지 덕목 '

insight in 조선 선비 2 _
' 조선 시대 선비라면 꼭 읽어야 할 책

insight in 조선 선비 3 _
' 조선 시대 선비들의 하루 일과 '

부록

공부 관련 어록

“ 공부(工夫)의 공(工)은 여공(女工)의 공(工)자와 같고, 부(夫)는 농부(農夫)의 부(夫)자와 같습니다. 말하자면 사람이 학문을 하는 것은 여공이 부지런히 길쌈을 하고, 농부가 힘써 농사를 짓는 것과 같이 해야 한다는 뜻입니다.” < 조선 명종 때 참찬관으로 입시했던 조원수가 공부의 뜻을 묻는 조선 명종의 물음에 아무도 대답하지 못 하자 홀로 나서서 대답한 말 > < 최석기, [우리가 꼭 알아야 할 공부], 13쪽 >

“ 좋은 대학에 들어가 고시에 합격하기 위해 하는 공부는, 옛날 과거공부와 다를 바 없다. 선인들은 그런 공부를 자신을 드러내기 위한 말단적인 공부로 여겨 위인지학(爲人之學)이라 하였다. 그리고 마음을 닦고 이치를 궁구하며 인격을 드높이기 위한 실질적인 공부를 위기지학(爲己之學)이라 하여 중시하였다. 즉 성인이나 현인이 되기를 바라는 것이 선비 공부의 최고 목표였다. 그런데 오늘 우리는 그런 본질은 잊은 채 말단만 추구하고 있다. 슬픈 일이다.”
< 최석기, [우리가 꼭 알아야 할 공부], 책머리에 >

" 공부에 열정을 갖기 위해 우리에게 필요한 것은 무엇인가?

그것은 뜻을 세우는 일, 입지(立志)다. 뜻을 세우고, 열정을 가지고 공부한다면 우리는 조선시대의 선인들이 이룬 학문의 경지에 이르게 될 것이다. 이 책을 펴낸 것도 우리 청소년들이 뜻을 세우고 열정을 가지고 공부하기를 바라는 마음에서다.

대학을 가기 위한 공부만 공부가 아니다. 많은 책을 읽고 뜻을 이해하며 스스로 실천할 때, 나를 바꾸고 세상을 바꾸는 진정한 학문의 기쁨을 누릴 수 있을 것이다. " < 이수광, [공부에 미친 16인의 조선 선비들], 308쪽 >

제2부. 조선 최고의 공부 천재들.

퇴계退溪 이황李滉(1501 ~ 1570년) _ 오래도록 하는 공부를 하라.

“ 공부를 하고도 사람을 사랑할 줄 모른다면 공부를 제대로 한 것이 아니다.”

“ 학문하는 것은 거울을 닦는 것에 비유할 수 있다. 거울은 본래 밝은 것이지만, 먼지와 때가 겹겹이 덮혀 있어 약을 묻혀 씻고 닦아야 한다.

“ 공부란 한번 껑충 뛰어서 도달하는 것이 아닙니다. 이전에 1,2년 만에 공부를 완성할 수 있다고 기약한 적이 있는데, 뜻을 그렇게 가졌다면 참으로 거칠고 잘못된 생각이라고 하지 않을 수 없습니다. 공부는 평생을 걸쳐 해야 하는 막중한 사업입니다.”

“ 글을 읽는(공부를 하는) 가장 중요한 목적은 반드시 성현들의 말씀과 행동을 본 받아서 그것을 자기 것으로 만들 수 있는 경지에까지 도달하는데 있다. ”

– 16세기를 대표하는 성리학자.

16세기 중엽을 대표하는 성리학자가 바로 퇴계 이황이다. 그는 조선시대의 문신이요 대학자로 1534년에 과거에 급제하여 벼슬을 시작하여 대사성, 공조판서, 예조판서, 대제학 등을 지낸 바 있다.

그는 한 마디로 주자학을 집대성한 대학자이다. 율곡 이이와 함께 유학계의 쌍벽을 이룬 학자이다. 후에 도산서원을 창설하여 후진을 양성하였고, 학자적인 양심과 태도를 끝까지 견지했던 공부의 대가였다.

그는 진성이씨(眞城李氏) 집안에서 처음으로 선조 원년에 의정부 우찬성과 홍문관 및 예문관의 대제학이라는 높은 벼슬에 올랐다. 하지만 을사사화(乙巳士禍)를 보고 정치에 정이 떨어졌다. 그래서 스스로 벼슬을 버리고 고향인 경상도 예안(禮安)으로 내려가 학문과 후학을 가르치는 데 혼신을 다했다.

퇴계 이황은 조선 성리학의 본격적인 시작을 알려 준 성리학자이다. 그는 중국에서 들어온 성리학을 공부하여 새로운 경지로 발전시키고 체계화시켰다. 그 덕분에 오늘날에는 '퇴계학' 이라는 학적 영역까지 성립될 정도이다.

그는 유학을 통달한 권위 있는 학자라는 의미의 유종(儒宗)으로 불릴 만큼 높은 학식을 인정받은 조선의 대학자이다. 사상적으로 깊이가 있는 그의 학문은 많은 문인들을 배출시킬 수 있게 해 주는 원동력이 되었다.

퇴계 이황이 조선 시대 선비로서 어떤 위치의 인물로 평가되고 있는지, 간단하게 소개하고 있는 대목을 살펴보자.

" 퇴계 이황은 율곡 이이와 더불어 16세기 조선 주자학을 대표하는 사상가로 일컬어진다.

그는 정암 조광조 이래의 도학파의 역사의식을 계승하고, 당시까지의 주자학사를 체계적으로 검토하고 정리하였다. 조선 주자학의 큰 틀을 제시하였으며, 명(明) 초 이래의 여러 탈주자학적 경향들을 극복하고자 하였다. 이러한 노력은 고봉 기대승과의 사단칠정 논쟁, 양명학과 같은 탈주자학적인 사조에 대한 비판 등으로 나타났고, 우계 성혼과 이이의 논변으로 이어졌다. 이후 조선 주자학은 이 논쟁들을 기반으로 자신만의 특색을 가진 주자학으로 발전하였다." < 정도원, [퇴계 이황과 16세기 유학], 13쪽 >

[조선왕조실록]의 [졸기]에 있는 그에 대한 기록을 살펴보자.

" 오로지 성리의 학문에 전념하다가 [주역]을 읽고 한결같이 그 교훈을 따랐다. 참된 지식과 실천을 위주로 하여 여러 학설의 차이점과 장단점에 대해 널리 통달하고 주자의 학설에 의거하여 절충하였으므로, 의리에 있어서는 소견이 정미(精微)하고 도의 대원(大源)에 대하여 환히 통찰하고 있었다. 도가 이루어지고 덕이 확립되자 더욱더 겸허해져서 그에게 배우려는 학자들이 사방에서 모여들었고, 달관(達官), 귀인(貴人)들도 마음을 다해 사모하였다. 그가 학문 강론과 몸단속을 위주로 하면서 사풍(士風)이 크게 변화되었다." < 이수광, [공부에 미친 16인의 조선 선비들], 56쪽, ([조선왕조실록], [졸기]) >

– 살아있을 때부터 유종으로 불린 학자.

퇴계 이황이 학문적으로 뛰어난 선비라는 사실에 대해 추가적으로 알 수 있는 대목을 더 살펴보자.

" 논자들에 의하면, 이황은 이 세상의 유종(儒宗 : 유학에 통달한 권위 있는 학자)으로서 조광조 이후 그와 겨룰 자가 없으니, 이황이 재주나 기국(器局)에 있어서는 조광조에 미치지 못하지만 의리를 깊이 파고들어 정미한 경지까지 이른 것은 조광조가 미치지 못한다고 한다." < 이수광, [공부에 미친 16인의 조선 선비들], 56쪽, [조선왕조실록] >

한 마디로 정치는 조광조가 뛰어난 인물이었지만, 학문적으로는 이황이 뛰어난 인물이라는 것이다. 살아 있을 때부터 유종이라 불렸고, 사상적으로 깊이 파고들어 높은 경지에 이른 인물이 되어 그로 인해 많은 문인들이 그를 따르게 되었던 것이다. 이런 사실에 대해 이렇게 평가하는 대목을 발견할 수 있다.

" 이황은 살아 있을 때부터 유종으로 불렸다. 그동안 유학을 하는 선비들은 주자학을 단순하게 받아들여 실천하는 데 불과했으나, 이황은 사상적으로 깊이 파고들어 주희에 버금가는 경지에 이르렀기 때문이다. 이황은 이로 인하여 많은 문인들을 배출했고, 영남학파를 이끌게 되었다." < 이수광, [공부에 미친 16인의 조선 선비들], 57쪽 >

그렇다면 과연 퇴계 이황 선생으로 하여금 학문적으로 높은 경지에 이를 수 있게 해준 원동력은 무엇이었을까? 필자는 퇴계 선생의 남다른 공부법과 공부에 대한 열정 때문이었다고 생각한다.

퇴계 이황의 공부법은 매우 많다. 그것을 몇 가지로 정리하면 이렇다. '반복하여 사색하는 학습' '거울을 닦듯이 쉬지 않고 매일 하는 공부' '오래도록 하는 공부' '힘들 정도로 부지런하게 하는 공부' 라고 할 수 있다. 그런데 무조건 외우기 위한 반복 학습이 아니라 깊이 사색하고 되새기고 숙고하여 깊은 의미를 느끼게 되는 공부를 추구했다. 그래서 그러한 공부법 때문에 퇴계 이황은 성리학을 사상적으로 체계화시킬 수 있었던 것이다.

퇴계 이황과 율곡 이이를 추종하여 문인이 되기를 바라는 16세기 이후 조선의 선비들을 볼 때 퇴계 이황의 학문이 얼마나 높은 경지에 오른 것인지를 잘 알 수 있을 것이다.

퇴계 이황의 공부 방법과 그로 인한 학문적 완성도에 대해 잘 말해 주고 있는 책이 바로 [공부에 미친 16인의 조선 선비들]이라는 책이다. 이 책에서 소개하는 대목을 살펴보자.

" 이황의 공부 방법은 반복 학습이었다. 같은 책을 수없이 되풀이하여 읽는 바람에 책이 너덜너덜해졌다. 그러나 단순하게 읽기만 한 것이 아니라 책의 내용을 완전히 이해하기 위해 사색했다. 사색은 의문에서 시작된다. 김종직, 김굉필, 조광조는 성리학의 대가들이었으나, 성리학을 학문적으로 체계화하지는 못했다. 그래서 훗날의 사가들은 그들의 학문이 거칠고 정묘하지 않다며 비판하기도 했다. 그러나 이황은 사색을 통해 성리학을 사상적으로 체계화할 수 있었다." < 이수광, [공부에 미친 16인의 조선 선비들], 46쪽 >

퇴계 이황 선생으로 하여금 조선을 대표하는 학자가 될 수 있게 해 준 것은 그의 공부법, 즉 반복해서 읽고 반복해서 사색하여 책의 내용을 완전히 이해하고 깊은 맛을 느끼는 공부법때문이었다고 할 수 있다.

아무리 머리가 좋다고 해도 반복해서 읽으면서 그 내용을 되새기지 않는 사람은 아무리 좋은 책을 읽는다 해도 얻을 수 있는 것은 많지 않다. 결국 어떤 책을 읽느냐 하는 것과 마찬가지로 어떤 방법으로 읽느냐 하는 것도 매우 중요하다는 사실이다.

조선을 대표하는 학자의 공부법에 대해 좀 더 구체적으로, 깊이 있게 살펴보자.

– 공부란 수없이 반복하는 것이다.

퇴계 이황이 공부하는 모습을 단적으로 알 수 있는 대목을 필자는 [옛사람 59인의 공부산책]이라는 책을 통해서 발견할 수 있었다.

“ 서울에서 유학하던 중 퇴계는 [주자전서]라는 책을 처음으로 구해서 읽게 되었다. 그때 방문을 걸어 닫고 방 안에 조용히 들어앉아 책을 읽기 시작했다. 밥 먹는 시간 이외에는 일체 밖으로 나가지 않았으며, 방 안에서 그 책을 수없이 되풀이 하여 읽고 또 읽었다.” < 김건우, [옛사람 59인의 공부산책], 51쪽 >

한 마디로 퇴계 이황의 공부 모습은 골방에 들어가서 세상과 단절한 채 공부에 완전히 몰입하는 그런 두문불출 몰입 스타일이라고 할 수 있을 것 같다.

그런데 퇴계 이황은 아무리 피곤해도 누워서

책을 읽거나 조금이라도 흐트러진 자세로 책을 읽거나 공부를 한 적이 한 번도 없었다고 한다.

퇴계 이황 선생은 한여름에 방문을 닫고 들어앉아 공부에만 몰두하여 책을 읽고 또 읽는 그런 스타일이었다. 그래서 그는 손에서 책을 놓지 않았다고 한다. 책이 너덜너덜해지는 것은 당연한 일이었다.

세상이 아무리 어수선해도 그는 공부에만 전념하고 세상의 분위기에 휘둘리지 않는 그런 본받을 만한 학자였던 것이다. 그러한 그의 공부 자세 덕분에 그가 조선을 대표하는 대학자가 될 수 있었던 것이라고 필자는 개인적으로 생각한다.

그의 공부 모습에 대해 잘 알 수 있는 대목을 다른 책에서도 살펴 볼 수 있다.

" 이황은 20세에 [주역]을 구하여 방문을 닫

고 들어앉아 읽기 시작했다. 처음으로 [주역]의 세계에 빠져든 것이다. 때는 한여름이라, 가만히 앉아 있어도 땀이 줄줄 흘러내렸다. 그러나 이황은 방에 단정하게 앉아 [주역]만 읽었다. 사람들이 오로지 공부에만 몰두하는 이황을 보고 혀를 내둘렀다. 더위 때문에 쓰러질까 봐 걱정하는 사람들도 있었다. (...) 이황은 [주역]을 손에서 놓지 않았다. 책 표지가 너덜너덜해지고 글자가 희미해질 정도로 읽고 또 읽었다."

< 이수광, [공부에 미친 16인의 조선 선비들], 46 ~ 47쪽 >

퇴계 이황의 독서법은 세상과 단절하고 오롯이 책에 몰입하여 읽고 또 읽는 반복 읽기라고 할 수 있다. 그래서 어떤 책을 읽더라도 한 번 읽기 시작했다면 완전히 깨우치기 전에는 그 책을 손에서 놓지 않았다고 한다.

뿐만 아니라 그의 공부 자세는 세상의 일들에

요동치 않고 공부에 전념하는 그런 집중하는 모습을 느낄 수 있다. 그래서 그의 학문이 동년배들을 이미 앞서 나가고 있음을 다음의 대목에서 우리는 잘 알 수 있다.

" 이황은 21세가 되었을 때 진사 허이찬의 딸 허씨와 혼례를 올렸고, 두 아들을 두었다. 이황은 23세가 되었을 때 처음으로 성균관에 들어갔다. [주역]을 읽은 이황의 학문은 동년배들을 압도했다. 이때는 기묘사화가 일어난 지 얼마 되지 않았을 때라 선비들은 성균관에서 공부하기를 꺼려했지만, 이황은 신경 쓰지 않고 공부에만 전념했다." < 이수광, [공부에 미친 16인의 조선 선비들], 47쪽 >

퇴계 이황에게 있어서 공부란 과연 어떤 의미일까? 그는 왜 공부에 목숨을 걸었던 것일까?

" 글을 읽는(공부를 하는) 가장 중요한 목적

은 반드시 성현들의 말씀과 행동을 본 받아서 그것을 자기 것으로 만들 수 있는 경지에까지 도달하는데 있다. 그러므로 서둘러 읽어서 그냥 넘겨 버리면 그 책을 읽었지만 별로 소득을 얻을 수 없는 것이다." < 김건우, [옛사람 59인의 공부산책], 52쪽 >

그에게 있어서 공부는 수없이 반복해서 읽고 또 읽어서 몸에 배도록 하는 것이며, 그래야 오래 마음속에 간직할 수 있게 되는 것이다. 이 대목을 다른 책에서는 또 이렇게 번역해서 말하고 있다.

" 책 읽을 때 중요한 점은 이것이다. 반드시 성현의 말씀과 행동을 마음으로 익히되 푹 잠겨 참뜻을 구하고 묵묵히 깊은 맛을 본 다음에야 바야흐로 심성이 길러지고 학문이 이룩되는 성과가 있게 된다. 만약 설렁설렁 해석하고 넘어가고 벙벙하게 외워 말할 따름이라면 말 몇 마디 귀로 듣고 입으로 옮기는 쓸데없는 재주에 지나지 않을 것이다. 비록 천 편의 글을 다 외우고 머리가 하얗게 세도록 경전을 떠들어댄들 무슨 도움이 있겠는가?" < 김영두, [퇴계, 인간의 도리를 말하다], 37쪽 >

퇴계 이황은 기억하고 외우는 그런 공부를 경계했다. 많이 되새겨 보며 숙고해 보는 그런 공부를 해야 한다고 말한다. 오늘날처럼 바쁜 현대에 실천하기 힘든 공부가 아닐 수 없다. 하지만 서둘러 읽고 넘겨 버리면 공부를 하거나 책을 읽은 소득을 별로 얻지 못한다는 말에 주의를 하지 않으면 안 될 것이다.

한 마디로 퇴계 이황의 공부법 혹은 독서법은 수없이 반복해서 몸에 완전히 배어나도록 하는 공부법이라고 할 수 있다. 그의 말을 더 살펴보자.

" 책이란 정신을 차려서 수없이 반복해 읽어야 하는 것이다. 한두 번 읽어 보고 뜻을 대충

알았다고 해서 그 책을 그냥 덮어버리면 그것이 자기 몸에 충분히 배어나지 못할 뿐만 아니라 마음에 간직할 수가 없게 된다. 이미 알고 난 뒤에도 그것을 자기 몸에 배도록 공부를 더 해야만 비로소 마음속에 오래 간직할 수 있게 된다. 그래야 학문의 참된 뜻을 체험하여 마음에 흐뭇한 맛을 느끼게 되는 것이다." < 김건우, [옛사람 59인의 공부산책], 52쪽 >

다른 책에서 번역한 것을 살펴보자. 누가 어떻게 번역하였느냐에 따라 감동을 받고 큰 인상을 받는 독자들도 서로 다를 수 있기 때문에 가급적이면 다양한 번역을 소개해 주고자 하는 것이다.

" 익숙한 데까지 가야 한다. 무릇 글을 읽는 사람이 글의 뜻을 알았다 하더라도, 익숙해지지 않으면 읽고 나서 금방 잊어버려 마음에 간직할 수 없게 되기 십상이다. 배우고 나서 익숙해질 때까지 노력한 다음에야 바야흐로 마음에 간직할 수가 있어서 흠뻑 그 맛에 젖어들 수 있다."
< 김영두, [퇴계, 인간의 도리를 말하다], 36쪽
>

– 공부란 거울을 닦는 것이다.

퇴계 이황 선생이 자신의 아들 준(雋)에게 보낸 편지에 보면 공부를 거울을 닦는 것에 비유하기도 했음을 알 수 있다.

“ 학문하는 것은 거울을 닦는 것에 비유할 수 있다. 거울은 본래 밝은 것이지만, 먼지와 때가 겹겹이 덮여 있어 약을 묻혀 씻고 닦아야 한다. 처음에는 온 힘을 들여 닦아 내야만 한 겹의 때를 겨우 벗겨낼 수 있으니, 매우 힘든 일이다. 그러나 계속해서 두 번, 세 번 닦는다면 힘이 점점 적게 들고, 거울도 점점 힘을 들이는 만큼 밝아질 것이다. 그러나 어려운 과정을 지나 쉽게 행할 수 있는 경지에 이르는 사람은 참으로 드물다.” < < 김건우, [옛사람 59인의 공부 산책], 54쪽, [해동소학] >

퇴계 이황이 아들에게 경고한 것은 세월이 화

살처럼 빠르게 지나가면 그 후에는 다시 쫓기 어렵기 때문에 부지런히 공부를 하지 않으면 안 된다는 것과 공부를 하는 날이 적고 그것을 써 먹는 날이 많아지면 칼날이 무디어 지게 되는 것처럼 터득한 것을 금방 잊게 된다는 것이다.

필자는 이 사실에 100% 동감한다. 글을 쓰는 것이나 공부를 하는 것이나 원리는 매 한 가지라고 생각한다. 필자가 남들보다 많은 책을 쓸 수 있었던 비결은 남들보다 재주가 더 뛰어났기 때문이거나, 더 많은 지식이 있기 때문이거나, 더 많은 책을 읽었기 때문이 아니다.

그 비결은 한 가지, 즉 '시간을 절대 낭비하지 않고 온 힘을 다해 쉼 없이 글을 썼기 때문' 이다.

어떤 사람들은 토요일, 일요일이라고 글쓰기를 쉬고, 공휴일이라고 글쓰기를 쉬고, 기분이 안 좋다고 글쓰기를 쉬고, 영감이 떠 오르지 않는다고 글쓰기를 하루나 이틀 정도 쉰다. 어떤 이는 몇 주씩 쉬기도 한다.

하지만 필자는 도저히 이런 상황을 이해할 수가 없다. 필자는 하루라도 책을 쓰는 것을 멈추거나 쉰 적이 없다. 매일 200자 원고지로 50장 이상은 꼭 쓴다. 쓸 것이 없어도 쓰고, 몸이 조금 아파도 쓰고, 기분이 좋아도 쓰고, 기분이 나빠도 쓰고, 영감이 떠 오르지 않아도 쓰고, 쓸 것이 넘쳐나도 쓴다.

즉 비가 오나 눈이 오나 글을 쓴다는 것이다. 이렇게 글을 쓰면 놀라운 일이 일어난다. 정말 많은 양의 글을 쓸 수 있다는 것과 함께 글을 쓰는 것이 전혀 힘들지 않다는 것이다. 공부도 바로 이와 같은 원리이다.

거울도 매일 수시로 깨끗하게 닦는 사람은 거울 닦는 것이 힘이 들지도 않지만 거울은 항상 깨끗한 상태가 된다. 공부가 바로 이와 같다고 이황은 말하고 있는 것이다. 공부를 하고자 하는 사람은 이 말을 명심해야 할 것이다.

– 오래도록 하는 공부를 하라. _ 구원공부(久遠工夫)

공부는 정직하다. 아무리 머리가 좋아도 청년기에 아무리 열심히 공부를 했다고 해도 그것으로는 부족하다. 청년기와 중년기를 거쳐서 노년기에 이르기까지 오래도록 공부를 한 사람들이 학문의 성취도가 높기 때문이다.

실제로 머리가 좋은 사람들이라도 조선시대 높은 벼슬을 한 사람들을 보면, 학문을 할 겨를이 상대적으로 적을 수밖에 없는 것이다. 그래서 공부는 정직한 것이다. 한 만큼 보답을 해 주기 때문이다.

공부는 오래 할수록 시야가 넓어지고 생각은 깊어질 수밖에 없는 것이다. 이러한 사실에 대해 퇴계 이황도 자신의 편지에 쓴 적이 있다. 그의 편지를 살펴보자.

" 회암(晦菴:朱子)의 글에 뜻을 둔다.'고 한 말씀은 매우 좋습니다. 글을 읽다 보면, 혹 깨닫기 어려운 곳이 있음을 면할 수 없습니다. 대개 선생의 문자는 푸른 하늘의 밝은 태양과 같아 본래 흐릿함이 없습니다. 다만 그 글의 의리가 깊고 은미한데, 학자들의 마음이 깊지 못하여 공부가 미숙하면 문득 그 의리를 얻기 어려운 점이 많은 것입니다. 오래도록 하는 공부를 해야 합니다. 진실이 쌓이고 힘이 오래되면 그 의리가 어떠한지를 볼 것입니다."　　< 최석기, [우리가 꼭 알아야 할 공부], 66쪽 >

즉 퇴계 이황이 주장하는 공부는 한 마디로 '오래도록 하는 공부', 즉 '구원공부(久遠工夫)'였던 것이다.

그는 자신의 이 말을 자신의 삶을 통해서도 보여 주었다. 그는 나이 60세에 도산서원을 지어서 학문에 전념하고 후학을 키우면서 살았기 때문이다.

“ 이황은 60세에 도산서당(陶山書堂)을 짓고 스스로 도옹(陶翁)이라고 불렀다. 집이 가난하여 나물과 잡곡밥으로 겨우 끼니를 이어갔다. 그러나 그의 집에는 항상 많은 선비들이 찾아왔고, 학문을 배웠다. 이황의 명성이 높아지면서 명종과 선조는 그를 자주 조정으로 불렀다. 그러나 이황은 병을 이유로 사양하거나, 부득이 벼슬을 받더라도 곧바로 사직했다.” < 이수광, [공부에 미친 16인의 조선 선비들], 52쪽 >

퇴계 선생은 자신의 이 말처럼 오래도록 하는 공부를 강조했고, 그것을 실천했다. 그러면서 동시에 너무 급히 나아가려 하지 말아야 한다고 다음과 같이 경계했다.

“ 그대가 지금 나에게 보내온 시를 읽으면서 속에 담긴 뜻을 헤아려 봅니다. 처음 공부를 시작하자마자 서둘러 마음이 흐뭇해지는 흥미로움과 흔들림 없는 효과가 나타나기를 바라고 있습니다. 그런가 하면 또 공부를 하노라니 매우 심하게 정력이 소모되고 견디기가 어렵게 되는 것을 괴로워하고도 있습니다. 그러한 공부의 장애물이 나타나는 이유를 태어난 성격의 바탕이 좋지 못한 탓으로 돌리고 있군요. 너무 급히 앞으로 나아가 이루려던 나머지 오히려 너무나 빨리 후퇴하는 조짐을 보이는 듯합니다.

비유하자면 100자 깊이로 우물을 파야 하는 일을 하면서 네다섯 번 삽을 뜨자마자 벌써 물이 펑펑 솟아오르는 맑은 샘을 보려고 합니다. 그때부터 이미 샘물이 보이지 않는다고 투덜거리며 몸이 피로하고 힘이 다 빠졌다고 한숨 쉬는 것과 같은 것입니다.

끙끙거리며 힘을 들여서 90자까지 파 들어갔으나 아직 샘물에 닿지 않았을지라도 지금까지 힘들인 노력을 포기하지 말고 끝내 100자까지 파내려가 물을 얻어 우물을 완성해 내어야 하겠지만, 그것이 어찌 어려운 일이 아니겠습니까?

이러한 병통들을 먼저 제거하고 난 뒤에야 비로소 함께 이 공부의 길을 닦을 수 있을 것입니다." < 이윤희 [퇴계가 우리에게], 62 쪽, ([문집], 內集, 권37. >

– 힘들도록 부지런하게 공부하라. _ 근고공부(勤苦工夫)

퇴계 이황 선생은 자신의 말대로 일생동안 학문을 부지런히 그리고 고달플 정도로 늙어서도 더욱 독실하게 했던 인문이었다. 이런 사실에 대해 그의 제자 중에 한 명인 월천(月川) 조목(趙穆)은 스승의 공부 모습에 대해 이렇게 임금에게 아뢴 적이 있었다.

" 신의 스승 신(臣) 이황(李滉)은 일생 동안 학문공부를 부지런하고 고달프게 했습니다. 늙어서도 더욱 독실하게 하여 주렴계(周濂溪), 정자(程子)이래 여러 유자들의 정전(正傳)을 깊이 터득하였습니다. 그러므로 시문과 논변에 드러난 것들이 모두 인심을 착하게 하고 세도를 부지하는 것들로, 앞 시대 성현의 마음을 계승해 후대의 몽매한 사람들을 깨우쳐주는 내용입니다." < < 최석기, [우리가 꼭 알아야 할 공부], 256쪽, (조목, [월천집), 권2) >

우리나라를 대표하는 학자로 세계적인 석학이기도 한 그가 그렇게 될 수 있었던 비결은 바로 여기에 있었던 것이다. 머리가 그저 좋았기 때문이 아니라 평생토록 힘들고 고달픈 공부를 통해 그렇게 되었다는 것을 우리는 미루어 짐작해 볼 수 있을 것이다.

이런 공부는 한 마디로 마음과 뜻을 다할 뿐만 아니라 모든 것을 투자하는 그런 공부인 것이다. 이런 공부를 한 마디로 한다면 근고공부(勤苦工夫)라고 할 수 있을 것이다. 이러한 퇴계 이황 선생의 공부의 정신과 모습을 볼 때, 우리 선조들이 얼마나 공부에 대해 진지했으며 모든 혼신을 쏟아 부어 평생을 노력했는지 그 노력의 모습을 엿볼 수 있게 되어 매우 기분이 좋았다.

퇴계 이황 선생에게서 우리 후손들이 배워야 할 공부 자세는 시련과 역경, 최악의 상황과 현실에서도 공부의 끈을 놓지 않는 면학 정신일 것이다. 그는 식량이 자주 떨어졌음에도 조금도 개의치 않고 공부에 전념했다. 이러한 사실을 잘 알 수 있는 대목이 [명종실록]에 실려 있다. 그에 대한 평가를 살펴보자.

“ 이황은 타고난 자품이 순수하고 학식이 뛰어났다. 예전부터 성현의 위기지학(爲己之學)에 뜻을 두어 마음으로 생각하고 힘써 실천하여 뜻을 맑게 가지고 행실을 독실하게 하였다. 권세를 쥔 간신들이 정권을 도맡아 국사가 날로 비하해지자, 그는 결국 병을 핑계 삼아서 경상도 예안 지방으로 물러가 살았다. 여러 번 조정의 부름을 받았으나 모두 거절하고 나가지 않았으며, 혹 나갔다 해도 곧 돌아오곤 했다. 식량이 자주 떨어졌으나 조금도 개의치 않았고, 날마다 경서를 탐구하고 도를 즐기는 것으로 일을 삼았다. 중년 이후에는 소견이 더욱 밝고 얻은 바가 매우 높았으며, 학문이 심오하고 실천이 투철하였다.” < < 이수광, [공부에 미친 16인의 조선 선비들], 53쪽, ([명종실록]) >

퇴계 이황 선생이 평생 공부를 얼마나 부지런하게 하셨는지를 알 수 있는 대목을 몇 개 찾아보면 이렇다.

“새벽 동틀 무렵에 일어나 세수하고 의관을 갖추고 꼿꼿이 앉아서 글을 읽었다. (10월 26일)

새벽에 일어나 등불을 밝히고 주자서를 읽었다. 둘째 손자 순도가 강학하는 것이 능통하지 못하였으나 선생께서 친절하고 자세하게 일깨워 주셨다. 식후에 날씨가 춥다고 하면서 정상에서 낭영대를 쌓는 사람들에게 일을 중단하도록 지시하였다. 이덕홍에게 [심경]을 강의하였다. 이날 오후 바람이 잠잠해졌다. 이때 주자서를 한 권 가지고 가서 소나무 밑에서 강독하였다. 식후에 고반대에 나가서 낭영대를 바라보다가 동와와 방에 들어가 저녁이 되도록 위좌하였다. 해시(오후 9~11시)가 되기 전에 잠자리에 들었다가 자시(오후11~오전1시)에 일어나서 이덕홍에게 ‘경敬’ 자의 의미를 설명하였다.

28일 새벽 축시(오전1~3시)가 끝나기 전에 잠자리에 들었다가 인시(오전3시~5시)가 되어서 일어나, 27일에 지은 [유월난암칠절]시를 적어서 이덕홍에게 주었다.(10월 27일) " < 정순우, [공부의 신], 165 ~ 166쪽 >

한 마디로 퇴계 선생은 새벽부터 잠자리에 들기까지 한 시도 마음을 흩트리지 않고 구도 자세를 유지하며 의관을 정제하고 말없이 앉아 심신을 수양하는 공부를 하였다고 한다. 그가 66세 때 함께 지냈던 제자 이덕홍이 남긴 기록을 토대로 살펴본 내용이다.

퇴계 이황은 힘들도록 부지런한 공부를 했던 것이다. 하지만 그렇다고 해서 몸이 축나고 병이 날 정도로는 하지 말라고 말하기도 했다.

" 내가 젊었을 때 학문에 뜻을 두어 낮에는 쉬지 않고 밤에는 자지 않고 공부하다가 마침내 고질병을 얻어 폐인을 면하지 못하였다, 공부하는 사람들은 모름지기 자신의 기력을 헤아려서 자야할 때는 자고 일어나야 할 때는 일어나야 할 때는 일어나며, 때와 곳에 따라 자신의 심신을 살펴서 마음을 함부로 하지 않도록 해야 할 것이다. 어찌 꼭 나처럼 하여 병이 나게 할 것인가." < 박희병, [선인들의 공부법], 85쪽 >

그렇다면 우리가 약간 고생스럽게 공부를 부지런하게 하더라도 병이 날 정도로는 하지 않아야 할 것 같다.

– 인격을 위하여 하는 공부를 하라.

퇴계 이황이 남긴 글 중에 보면 남의 이목을 생각하여 하는 공부를 경계하고, 인격을 위한 공부를 해야 한다고 주장하는 글이 있다.

" 훌륭한 사람이 되기 위하여 익혀야 할 것은 스스로의 인격을 위하는 공부일 따름입니다. 스스로의 인격을 위하는 공부를 하려면 우주의 진리와 인간의 윤리도덕을 마땅히 알아야 하고, 덕을 베푸는 행실을 마땅히 실천해야 합니다. 내 몸과 내 몸에 가까운 곳에서부터 공부를 시작하여 마음으로 깨달아 얻고 몸으로 실천하려고 노력하는 것이 바로 이 공부입니다. 남의 이목을 생각하여 하는 공부와는 다른 것입니다.

남의 이목을 생각하여 하는 공부는 마음으로 깨달아 얻는 일이나 몸으로 실천하는 일에는 힘쓰지 않고, 겉으로 꾸며서 남들이 어떻게 볼 것인가 하는 점에만 관심을 두며 이름이 나고 칭

찬 받기를 구합니다.

깊은 산 무성하게 우거진 수풀 속에 한 떨기 난초꽃이 피어 있다고 합시다. 온종일 맑은 향기를 내보내건만 난초 자신은 그것이 향기로운 것인지도 모릅니다. 이것이 바로 훌륭한 사람이 스스로의 인격을 위하여 하는 공부의 뜻에 딱 들어맞는 예입니다. "   < 이윤희 [퇴계가 우리에게], 48쪽>

퇴계 이황은 남에게 보여주기 위한 공부를 경계하라고 말하고 있다. 자신의 인격을 위한 공부를 하라고 말이다. 그는 또한 숨은 공부를 하여야 한다고 말한다. 숨은 공부란 세상에 쓰이지 않아도 되는, 세상에 자신을 드러내기 위한 그런 공부가 아닌 자기 자신의 성장을 위한 공부를 말한다.

" 옛사람들은 반드시 숨은 공부를 하여 두었기 때문에 그 시대에 쓰이지 않을 경우라도 스스로를 버리지 않았습니다. 지금 사람들은 세상에서 쓰이지 않을 경우 스스로도 버리고 맙니다." < 이윤희 [퇴계가 우리에게], 62 쪽, ([문집], 內集, 권10. >

퇴계 이황은 인격을 위한 공부를 강조했기 때문에 성현의 말을 앵무새처럼 읊는 그런 외형적인 공부를 경계했다. 즉 겉핥기식 공부를 매우 경계한 것이다. 그래서 퇴계 선생은 '함양'과 '체질'을 강조했던 것이다.

함양은 학식을 넓혀 심성을 닦는 것이고, 체찰은 몸으로 익혀 실천하는 것이라고 생각하면 된다. 좀 더 쉽게 이야기 하면 함양은 마음을 수양하는 공부, 즉 마음공부이고, 체찰은 성찰이라고 할 수 있다.

– 자기를 위한 공부 vs 남을 위한 공부

어떻게 보면, 퇴계 선생에게 공부란 '심성을 올바르게 갈고 닦는 일'이었다고 생각해도 별 무리가 없을 것 같다. 하지만 여기에 그치지 않고 깨달은 것을 실천하는 학문을 또한 그는 강조했다. 그래서 그는 공부를 두 가지로 크게 나누었음을 알게 된다.

그 두 가지 공부 중에 하나는 '자기를 위하는 학문'이고 또 다른 하나는 '남을 위하는 학문'이다.

"자기를 위하는 학문이란, 우리가 마땅히 알아야 할 것이 도리이고 우리가 마땅히 행해야 할 것이 덕행이라 여겨 비근한 것부터 공부하여 마음으로 깨닫고 몸소 실천하는 학문이다. 남을 위하는 학문이란, 마음으로 깨닫고 몸소 실천하는 데 힘쓰지 않고 거짓을 꾸미고 겉치레를 좇아 명성과 칭찬을 구하는 학문이다." < 박희

병, [선인들의 공부법], 86쪽 >

여기서 말하는 자기를 위하는 학문은 한 마디로 '위기지학(爲己之學)'이라고 할 수 있다. 그리고 반대로 남을 위한 학문은 '위인지학(爲人之學)'이라고 할 수 있다.

지금 이 시대에는 자기를 위한 공부가 아닌, 출세와 학벌과 승진과 부와 명예를 위한 공부인 남을 위한 공부가 횡횡하고 있음을 아무도 부인할 수 없을 것이다. 현대의 사람들은 자기 자신뿐만 아니라 자녀들에게도 공부를 하라고 입에 침이 마르도록 공부를 강요하고 있는데, 그들이 그렇게 강요하는 이유는 단 한 가지일 것이다.

공부를 해야 좋은 대학을 갈 수 있고, 좋은 직장을 얻을 수 있고, 좋은 직업을 가질 수 있고, 돈도 많이 벌수 있고, 명예도 얻을 수 있기 때문일 것이다. 한 마디로 많은 부모들이 자녀들에게 공부를 강요하는 이유는 자녀들의 출세와 성공 때문일 것이다.

이것부터가 위인지학인 것이다. 하지만 과거의 퇴계 선생을 비롯한 참 된 선비들은 출세와 성공을 위한 공부가 아닌 자기 자신의 성장과 완성을 위한 공부를 강조했고, 자기 자신도 그러한 공부를 평생 살면서 실천했던 것이다.

– 조급함을 버리고 마음을 비우고 공부하라.

퇴계 이황 선생은 공부를 하는 사람들이 가장 조심해야 할 것이 바로 '공부에 대한 조급증'과 '생활고나 이익이나 손해, 출세나 이득, 명예와 같은 것에 연연해하는 마음'이라고 같은 시대의 학자였던 남시보에게 보내는 편지에서 이렇게 말한 적이 있다.

" 지난 날 나는 공부를 하면서 지나치게 깊고 오묘한 데서 이치를 탐구하려 했습니다. 또한 힘쓰는 일에 자신만만하여 조급하게 억지로 '싹을 뽑아 올려 자라남을 도우려는 듯이' 했습니다. 그런 태도가 모든 병의 뿌리를 만들었습니다. 거기에 다시 마음의 근심이 덮쳐 증세가 깊고 중하게 되었으니 염려스러운 마음을 지울 수 없습니다.

그대도 알겠지만, 병을 치료하려면 무엇보다 마음에 괴로움을 만들지 말아야 합니다. 세상을 살아가다 보면 여러 가지 많은 일들을 겪게 되지요. 곤궁함, 출세, 이득, 상실, 명예, 치욕, 이익, 손해 등 모든 것을 너무 깊이 마음에 담아두지 마세요. 이처럼 담아두지 않는 마음을 지니게 되면, 병통의 절반 이상은 이미 나은 바와 다름없습니다. 사람들과 어울리며 활동하는 시간을 줄여보세요. 취미나 욕망을 좇는 생활을 절제하고 마음을 비워 한가하고 담백한 생활 속에서 즐거움을 찾아내세요." < 신창호, [함양과 체질], 86 ~ 87쪽 >

이것은 공부뿐만이 아닐 것이다. 무엇을 하더라도 이 두 가지는 반드시 경계해야 할 것이라고 생각한다.

[맹자]의 '공손추' 에 나오는 고사성어인 '알묘조장(揠苗助長)' 의 경우가 공부에도 그대로 적용이 될 것이다.

송나라 사람이 곡식을 빨리 자라나도록 하려고 그 싹을 조금씩 뽑아 올려 주었다. 그 다음날 그 곡식들은 모두 말라 죽었다. 즉 이 고사성어는 지나치게 욕심을 내어 조급하게 서두르지 말라는 것이다.

무엇인가를 조급하게 빨리 성과를 보려고 하다 보면 도리어 해를 본다는 것은 세상에 공짜가 없다는 것을 또 한 번 깨닫게 해 주는 말일 것이다.

공부를 하는 사람은 '곤궁함, 출세, 이득, 상실, 명예, 치욕, 이익, 손해' 등에 마음이 너무 연연해 해서는 안 된다고 퇴계 선생은 또한 조언하고 있다.

그는 또한 공부란 짧은 기간에 단번에 완성되지도, 도약하지도 않는 것이라고 말한다. 즉 공부는 끝이 없고 평생 해야 하는 것이기에 단기간에 끝내려고 하는 마음도 경계했다.

"공부란 한번 껑충 뛰어서 도달하는 것이 아

닙니다. 이전에 1,2년만에 공부를 완성할 수 있다고 기약한 적이 있는데, 뜻을 그렇게 가졌다면 참으로 거칠고 잘못된 생각이라고 하지 않을 수 없습니다. 공부는 평생을 걸쳐 해야 하는 막중한 사업입니다. 안자나 증자처럼 훌륭한 선현들도 공부를 다 마쳤다고 말할 수 없습니다. 하물며 그 분들보다 못한 사람들은 어떻겠습니까?" < 신창호, [함양과 체질], 150쪽 >

– 후일을 기다리지 말고 지금 당장 공부하라.

퇴계 이황은 후일을 기다리지 말고 지금 당장 공부를 시작할 것이며, 의심하여 머뭇거리지 말고 자신의 형편에 따라 힘을 써야 한다고 다음과 같이 말한 적이 있다.

“ 이치를 궁구하는 것(窮理)과 마음을 기르는 것(居敬), 이 두 공부는 비록 머리와 꼬리로 서로 이어져 있는 것이기는 하지만 실은 두 가지 공부이니, 절대 둘로 나뉘는 것을 걱정하지 말고 반드시 두 가지를 병행하는 방법을 취해야 할 것이다.

후일을 기다리지 말고 지금 당장 공부를 시작할 것이며, 의심하여 머뭇거리지 말고 자신의 형편에 따라 힘을 써야 한다.

마음을 텅 비워 이치를 살필 일이며, 미리 자신의 의견을 정해버려서는 안 된다. 차츰차츰 쌓아감으로써 온전히 성숙할 수 있으니 그 효과를 날짜로 따져서는 안 되며, 얻지 않고서는 그만두지 말고 죽을 때까지 하는 공부로 삼아야 할 것이다." < 박희병, [선인들의 공부법], 82 ~ 83쪽 >

" 공부를 하려는 노력은 늦춰서도 안 되고 조급하게 해서도 안 되며, 죽은 뒤에야 끝나는 것이다. 만약 그 효과를 빨리 바란다면 이 또한 이익을 탐하는 마음이다."   - 율곡 이이 -

율곡(栗谷) 이이(李珥) 1536 ~ 1584년
_ 스스로 나태해짐을 경계하고 부단히 노력한
공부의 신.

"공부는 사람다운 사람이 되기 위해 누구나 해야만 하는 아주 가까이 있는 것이며, 특별한 사람만이 하는 것은 아니다"

"공부는 죽은 뒤에야 끝나는 것이니 서두르지도 않고 늦추지도 않아야 한다."

"공부라는 것은 일상생활과 일 속에 있다. 평소에 행동을 공손히 하고 일을 공경히 하며 남을 진실되게 대하는 것, 이것이 곧 공부라고 할 수 있다. "

“ 사람이 이 세상에 나서 학문에 의존하지 않고는 올바른 사람이 될 수 없다. 이른바 학문이란 것은 역시 이상하거나 별다른 것이 아니다. (...) 다만 학문하지 않은 사람은 마음이 막히고 식견이 좁기 마련이다. 그러므로 모름지기 글을 읽고 이치를 궁구하여 마땅히 향할 길을 밝힌 연후에야 조예가 올바르고 실천에 중도를 얻게 된다.”

“요즘 사람들은 학문이 일상생활에 있는 줄은 모르고 망령되이 높고 멀어 행하기 어려운 것으로 생각하는 까닭에, 특별한 사람에게 미루고 자기는 자포자기한다. 이 어찌 불쌍한 일이 아니랴.”

– 세계에 자랑할 만한 철학자

율곡 이이는 과연 어떤 인물이었을 까?

율곡 이이는 이황과 함께 조선 유학의 쌍벽을 이룬 학자이다. 그리고 기호학파를 형성했고, 학문을 민생과 일상생활에 직결시켰고, 동서분당을 조정하려고 노력한 정치가이면서도 동시에 대학자였다.

필자는 그를 조선 시대의 공부의 신이었다고 말하고 싶다. 그런데 다른 이들은 그를 '세계에 자랑할 만한 철학자'라고 평가하기도 한다는 것을 어떤 책을 통해 접할 수 있었다.

그에 대하여 그렇게 평가하고 있는 책의 한 부분을 먼저 살펴보자.

" 조선조 오백 년을 통해 수많은 유학자가 배출되었지만, 그 가운데 세계에 자랑할 만한 철학자의 한 사람이 바로 율곡 이이다. 우선 그는 학문적으로 탁월하였다. 송대 성리학에 기반을 두었지만 모방만 하지는 않았다. 탄탄한 존재론을 바탕으로 이기지묘(理氣之妙), 기발이승(氣發理乘), 이통기국(理通氣局)의 독창적인 화두를 제시하였다. 이를 통해 우주자연과 인간의 조화, 윤리와 경제의 조화, 그리고 몸과 마음의 유기적 이해 속에서 이성과 감성이 어우러진 전인적 인간을 추구하였다.

특히 율곡의 철학 속에는 심오한 철학적 논리와 함께 민생과 나라를 근심 걱정하는 우환의식이 진솔하게 녹아 있다. 그리고 불교와 도가까지도 수용하는 활짝 열린 생각으로 성리학과 실학을 아우르는 '율곡학' 이라는 대하가 굽이친다.

율곡, 그는 16세기 리(理) 철학과 기(氣) 철학을 조화시켰고, 성리학과 실학의 징검다리가 되었으며, 기호학파의 중심적 위치에 우뚝 섰

다. “ < 황의동, [율곡 이이], 11쪽 >

한 마디로 율곡 이이는 학문적으로 탁월했던 선비들 중에 한 명이다. 그래서 율곡 선생은 49년이라는 학자치고는 짧은 인생을 살았지만 사상의 폭이 넓고 깊다고 할 수 있다. 또한 그의 문집은 그리 많은 편은 아니다. 하지만 그 속에 담긴 철학의 내용과 깊이는 참으로 풍부하고 깊다고 할 수 있다.

- 조선 시대의 공부의 신 _ 구도장원공.

퇴계 이황과 함께 조선 성리학의 큰 봉우리가 바로 율곡 이이이다. 비록 이황과 35세의 나이 차가 있음에도 이황의 뒤를 잇는 뛰어난 선비로 평가 받는 인물이다.

조선의 사대부 선비들의 공부를 살펴보면, 관료로서 출사를 하면 학문을 연마할 여력이 없게 되는 경우가 많다. 그래서 학문적 경지가 높은 학자들은 정치에서 한 발 떨어져 있는 사람인 경우가 많다.

그런데 율곡 이이는 정치와 학문이라는 두 가지 토끼를 모두 잡은 인물이라는 점에서 아주 돋보이는 인물이다.

그는 학문의 경지로도 조선 유학의 최고봉이라 할 수 있는 이황과 쌍벽을 이룰 정도였고, 관료로서도 조선시대 중기의 정치 일선에서 국가의 경영에 헌신을 한 정치인이기도 했다.

율곡 이이의 어렸을 때의 총명함과 공부 모습을 살필 수 있는 대목을 [옛사람 72인에게 지혜를 구하다]란 책에서 살펴 볼 수 있다.

" 이이는 어릴 때부터 총명하고 비범하여 4세에 <사략(史略)> 첫 권을 배웠는데 스승보다도 글귀의 토를 더 잘 붙였다고 한다.

어머니 신씨에게 직접 글을 배울 때도 진보가 매우 빨랐다. 이이는 8세에 임진강가에 있는 화석정에 놀러갔다가 그 경치를 시로 읊었는데 그 시정이 매우 빼어나다."   < 김갑동, [옛사람 72인에게 지혜를 구하다], 247쪽 >

율곡 이이는 한 마디로 그 당시 공부의 신(神)이라고 불리는 그런 인재였다. 그는 아홉 번이나 연속으로 과거시험에 장원을 하여 '구도장원공(九度壯元公)' 이라고 불리기도 했다.

그가 그렇게 '구도장원공'이라는 전설에 가까운 공부의 신이 될 수 있었던 것은 물론 총명했기 때문이기도 하였지만, 그것보다 더 중요한 것은 남들보다 더 일찍 일어나고, 남들보다 더 늦게 자면서까지 공부를 하고, 자신을 부단히 채찍질했기 때문이라고 말할 수 있다는 것이다.

그가 평소에 공부에 대한 자신의 생각을 밝혀서 공부를 시작하는 어린이는 물론이고 모든 사람들에게 훌륭한 공부의 지침서가 되어 내려오는 [격몽요결(擊蒙要訣)]에 보면 이런 말을 한 적이 있다.

"항상 일찍 일어나고 늦게 자며, 반드시 의관을 바르게 하고, 얼굴빛을 엄숙하게 하며, 두 손을 모아 바르게 앉으며, 걸음걸이를 급하지 않고 점잖게 하며, 말을 신중하게 해야 한다. 한 가지 한 가지의 행동을 경솔하게 해서는 안 되며, 아무렇게나 지나쳐 버려서는 안 된다."

< 박희병, [선인들의 공부

법], 119쪽, [격몽요결] 중에서 >

- 자경문으로 스스로를 경계하다.

조선 시대의 공부의 신인 율곡 이이는 공부에 대해 이렇게 말 하는 사람이다.

" 공부는 사람다운 사람이 되기 위해 누구나 해야만 하는 아주 가까이 있는 것이며, 특별한 사람만이 하는 것은 아니다"

그는 자신의 이 말을 그대로 실천하여 '자경문(自警文)' 을 지어 사람다운 사람이 되고자 목표를 세웠고, 끝없이 노력을 했던 공부의 대가였던 것이다. 필자는 그가 성인이 되고자 목표를 세웠던 것은 아니라고 생각한다. 사람다운 사람이 바로 성인이 아니고 무엇일까?

그가 세운 '자경문' 은 모두 11조항으로 되어 있고, 첫 번째 조항에 보면 '먼저 그 뜻을 크게 가져 성인을 본보기로 삼아서 성인이 되고자 노력' 할 것을 다짐하는 대목이 나옴을 알 수 있다.

그가 스스로 인생의 좌우명으로 삼은 ‘자경문’ 의 마지막 조항은 공부에 대한 그의 확고한 의지와 자세를 잘 알 수 있게 해주는 조항이다.

“ 공부를 하려는 노력은 늦춰서도 안 되고 조급하게 해서도 안 되며, 죽은 뒤에야 끝나는 것이다. 만약 그 효과를 빨리 바란다면 이 또한 이익을 탐하는 마음이다. 만약 이와 같이 하지 않는다면 부모님께서 물려주신 몸을 욕되게 하는 것으로 이는 사람의 아들이 아니다.” < < 김건우, [옛사람 59인의 공부산책], 84쪽, ‘용공지효(用功之效)’ >

원문은 굉장히 길지만 그의 ‘자경문’ 의 11조항을 간단하게 간추리면 이렇다고 할 수 있을 것이다.

1. 입지(立志) _ 뜻을 크게 가지고 성인을 본

받아야 한다. 성인의 경지에 이를 때 까지 멈추지 않는 다.

2. 과언(寡言) _ 말을 적게 하라. 마음을 안정시키려면 말을 적게 해야 한다.

3. 정심(定心) _ 마음을 바르게 하려면 잡념과 집착을 끊고 쉬지 않고 공부해야 한다.

4. 근독(謹獨) _ 홀로 있을 때라도 언제나 나태함을 경계하고 조심하고 삼가도록 하면 일체의 나쁜 생각이 일어나지 않을 것이다..

5. 독서(讀書) _ 일을 살피지 아니하고 글만 읽는다면 그것은 쓸모 없는 학문이다. 해야 할 일을 모두 마친 뒤에 글을 읽는다. 글을 읽는 이유는 의리를 살펴 일을 할 때에 쓰기 위한 것이다.

6. 소제욕심(掃除慾心) _ 재물과 영화로움에 마음을 두지 않고, 탐하지 않는다. 이로움을 탐하는 마음을 버리고 욕심을 버려라.

7. 진성(盡誠) _ 해야 할 일이라면 정성을 다해 진심으로 한다. 모든 일에 게으름을 피우지 않고 성실해야 한다.

8. 정의지심(正義之心) _ 천하를 얻는 다 하더라도 한 사람의 무고한 사람을 희생시켜서는 안 된다.

9. 감화(感化) _ 누군가 나에게 악한 일이나 얼토당토 않는 행위를 가해오면 내 자신을 스스로 깊이 반성하고 그를 감화시키려고 해야 한다.

10. 수면(睡眠) _ 밤에 잘 때가 아니면 눕거나 자지 않는 다. 마음을 항상 깨어 있게 하고 바르게 자야 한다.

11. 용공지효(用功之效) _ 공부는 서두르지도 말고, 쉬지도 말고, 멈추지도 말고, 꾸준하게 끝까지 해야 한다.

율곡 이이는 언제나 글을 읽을 때에는 반드시 태도를 정숙히 하고 단정히 앉아서 마음과 생각을 한 곳으로 모아 한 책에 익숙해진 뒤에야 다른 책을 읽어야 한다고 강조한다. 즉 조급하게 서두르지 않는 다는 것이다. 그래서 많은 책을 서둘러 보는데 힘쓰지 않으며 억지로 기억하려고 노력하지 말라고 한다.

재미있는 점은 율곡 이이는 밤에 공부하는 것이 낮에 공부하는 것보다 더 낫다고 말하는 점이다. 그의 [경연일기]를 보면, 이런 내용이 나온다. 밤에는 번잡한 일이 없고, 만물조차도 다 잠들어 있기에 자연스럽게 집중이 되는 효과가 있다는 것이다.

조선 시대의 공부의 신인 율곡 이이는 한 마디로 스스로 '자경문'을 만들어 나태해짐을 경계하고, 부단히 노력하는 공부를 하였던 공부의 대가였다.

– 조선시대의 미래학자 _ 변법경장.

세계적인 앨빈 토플러가 뉴욕 대학교에서 영문학 석사가 학력의 전부였다는 사실을 아는 사람은 별로 많지 않다. 또한 대학을 졸업하고 나서 그가 공장의 노동자 생활을 5년 정도 했다는 사실도 마찬가지일 것이다.

하지만 그는 그 후 독학을 통해 보기 드물게 학사 출신 세계적인 미래학자로, 그리고 세계적인 석학으로 명성을 떨쳤다.

율곡 이이는 아깝게도 49세에 요절하지만, 그가 보여준 학문적인 성취는 그 어떤 학자에 뒤처지지 않는 다. 그는 진사시에 13세의 나이로 합격할 정도로 영재였다. 신사임당의 셋째 아들이기도 한 그는 조선시대에 살았던 미래학자라고 해도 과언이 아닐 정도로 정확히 미래를 예측했던 인물이다.

그가 국가의 장래가 매우 위험하다고 경고를 했고, 그의 말대로 임진왜란이 터져서 큰 위기에 빠진 것이 사실이기 때문이다. 이러한 사실에 대해 한영우 박사는 이렇게 설명하고 있다.

" 29세부터 벼슬길에 들어선 이이는 오랫동안 관직에 있으면서 명종과 선조 시대 정치의 일각을 맡았다. 문한직과 언관직, 그리고 판서직을 두루 역임하면서 실무정치를 익힌 그는 한때 서울 한강가에 있는 동호(東湖) 독서당에 들어가 공부하기도 했는데, 그의 관심은 중쇠기(中衰期)에 들어선 왕조를 어떻게 하면 중흥시킬 것인가에 있었다. 그래서 수많은 개혁안을 진언하고, 변법경장(變法更張)을 부르짖었다.

그의 판단을 따르면, 당시 조선왕조는 창업(創業)과 수성(守成)을 거쳐 중쇠기로 접어들어, 집에 비유하면 서까래가 부서지고, 담이 무너진 상태와 같다는 것이다. 그래서 이를 바로잡지 않으면 국가의 장래가 매우 위험하다고 보았다. 그런데 불행하게도 예언한대로 그가 세상을 떠난 지 8년 뒤에 임진왜란이 터졌으니, 이이의 현실 진단이 매우 정확했음을 알 수 있다.“ < 한영우, [한국선비지성사], 342 ~ 343쪽 >

율곡 이이가 말하는 변법경장은 결국 나라의 기강이 무너지고, 제대로 나라가 돌아가고 있지 않은 것에 대한 개혁의 표출이라고 볼 수 있다. 그가 제시한 변법경장의 내용을 간단하게 정리하면 이렇다.

1. 문벌, 출신보다는 능력 있는 사람을 기용하자.

2. 평민을 포함하여 폭 넓게 인재를 양성하자.

3. 중앙에서는 외척의 권력 집중화를 막고, 지방에서는 수령의 자질을 높이고 이서(吏胥)들

에게도 녹봉을 주어 민폐를 막아야 한다.

4. 붕당을 막고 사림(士林)의 공론(公論)을 존중하고 사기를 높여주어야 한다.

5. 민생을 괴롭히는 방납(防納)을 시정해야 한다.

6. 왕실 사유재산을 억제하고, 왕실의 경비를 줄여야 한다.

7. 군포(軍布)에 대한 족징(族徵)과 인징(隣徵)을 금지해야 한다.

8. 공노비의 선상(選上)을 개선하여 부담을 줄여야 한다.

9. 사창제(社倉制)를 실시하여 빈민을 구제해야 한다.

율곡 이이는 이 당시 조선 사회의 병폐에 대해 깊은 관심을 가지고 있었고, 이것을 개선하고 개혁하고자 했다. 하지만 그의 개혁은 급진적인 것은 아니었다. 그래서 그의 개혁은 급진적이고 행동파적인 것보다는 하나씩 차근차근 미래를 준비해야 한다는 미래학자에 가까운 모습이었다.

그가 기묘사화로 희생된 조광조의 개혁 정신에 찬성하면서도 조광조가 선택한 방법이 너무 급진적이고 행동파에 가까운 것에 대해서는 찬성하지 않았다는 사실을 보아도 그의 학자다운 면모를 느낄 수 있다.

책을 많이 읽으면 의식과 사고가 남달라진다. 그래서 남들이 보지 못 하는 것도 보게 되고, 그래서 미래를 내다 볼 수 있다고 다른 사람들이 그렇게 평가하는 경우가 적지 않다. 그런데 율곡은 정말 천재인 듯 하다.

그는 어려서부터 총명했다. 그래서 서너 살 때부터 공부를 시작해 글을 배우기 시작했고, 4살 때는 [사략(史略)]을 읽다가 시골 훈장이 구두를 잘못 떼어 읽는 것을 지적하기도 했고, 7살 때는 미래에 화를 불러올 인물에 대해 예언하기도 했다.

[율곡 이이](황의동)란 책을 보면, 이러한 대목이 나온다.

" 율곡은 7살 때, 이웃에 살던 진복창(陳復昌)이란 사람을 대상으로 삼아 이른바 [진복창전(陳復昌傳)]을 짓고, 그 속에서 " 이 사람이 벼슬자리를 얻게 된다면, 나중에 닥칠 걱정이 어찌 한이 있으라. "라고 했는데, 그의 예언대로 진복창은 훗날 윤원형(尹元衡)과 함께 을사사화(乙巳士禍)의 주역으로 비난을 받는다."
< 황의동, [율곡 이이], 27 ~ 28쪽 >

– 오래 쌓아나가는 공부를 모범으로 삼아라.

율곡 이이는 한 단계씩 오랫동안 차근차근 밟아 올라가는 것을 공부의 모범으로 삼았다. 그런 점에서 율곡 이이는 욕심을 경계하라고 한다. 가장 맨 밑바닥에서부터 하나씩 배워 점진적으로 나아가야 한다는 것이다.

<중용>에 있는 '높은 곳에 오르려면 낮은 데로부터 시작해야 하고, 먼 곳에 가려면 가까운 곳으로부터 나아가야 한다.'는 말을 그대로 실천한 조선의 선비가 율곡 이이일 것이다. 그래서 그는 오랫동안 쌓아나간 공부를 한 주자를 공부의 모범으로 삼을 만 하다고 선종에게 다음과 같이 아뢴 적이 있었다.

" 신이 살펴보건대, 공자는 선인들이 크게 이룩한 것을 모은 분이고, 주자는 현인들이 크게 이룩한 것을 모은 분입니다. 성인은 태어나면서부터 이치를 알고 이치를 편안히 여겨 행하기

때문에 천리와 하나가 되어 자취가 없습니다. 그러니 성인을 갑자기 배우기는 어렵습니다. 오직 주자가 한 것처럼 오랫동안 쌓아나간 공부는, 그것을 취해 모범으로 삼을 만합니다. 먼저 주자를 배운 뒤에 공자를 배울 수 있습니다.”
< 최석기, [우리가 꼭 알아야 할 공부], 63쪽 >

율곡 이이가 세계에 자랑할 만한 철학자가 된 이유는 그가 머리가 좋았기 때문만은 아니다. 그가 끊임없이 쌓아가며 노력하며 한 단계 한 단계 밟아 올라갈 수 있었기 때문이라고 할 수 있다.

– 사람다운 사람이 되기 위해 공부해야 한다.

율곡 이이는 [격몽요결(擊蒙要訣)]이란 책을 통해 사람이 세상에 나서 공부를 하지 않으면 올바른 사람이 될 수 없다는 사실을 강조했다.

“사람이 이 세상에 나서 학문에 의존하지 않고는 올바른 사람이 될 수 없다. 이른바 학문이란 것은 역시 이상하거나 별다른 것이 아니다. (...) 다만 학문하지 않은 사람은 마음이 막히고 식견이 좁기 마련이다. 그러므로 모름지기 글을 읽고 이치를 궁구하여 마땅히 향할 길을 밝힌 연후에야 조예가 올바르고 실천에 중도를 얻게 된다. 요즘 사람들은 학문이 일상생활에 있는 줄은 모르고 망령되이 높고 멀어 행하기 어려운 것으로 생각하는 까닭에, 특별한 사람에게 미루고 자기는 자포자기한다. 이 어찌 불쌍한 일이 아니랴.” < 황의동, [율곡 이이], 227쪽, ([격몽요결], 서序 >

이런 내용은 다른 책에서도 쉽게 찾아 볼 수 있다.

“ 사람이 세상을 살아가는 데 학문(學問, 배우고 묻는 것)을 하지 않으면 사람이라고 할 수 없다. 학문이란 이상하고 별다른 일이 아니다. 날마다 사용하고, 행동하고 머무는 동안 모든 일이 그 마땅함을 얻는 것이 학문일 따름이다. “ < 한영우,[율곡 이이 평전] >

한 마디로 공부를 왜 해야 하는가에 대해 율곡 이이 선생은 ‘사람답게 살기 위해서 ‘ ’ 공부를 하지 않으면 사람이라고 할 수 없기 때문 ‘ 이라고 말하고 있는 것이다.

또 다른 책에서 좀 더 현대적으로 쉽게 잘 표현한 문장을 찾아보자.

“ 사람이 이 세상에 태어나 공부를 하지 않으면 사람다운 사람이 될 수 없다. 이른바 공부한다는 것은 특별하거나 별다른 것이 아니다. ” < 박희병, [선인들의 공부법], 119쪽, [격몽요결] 중에서 >

“ 배우지 않은 사람은 마음이 꽉 막히고 식견이 좁다. 그러므로 모름지기 책을 읽고 사물의 이치를 궁구하여 마땅히 나아가야 할 길을 밝힌 다음에야 그 방향이 정확하고 그 실천이 옳을 수 있다.” < 박희병, [선인들의 공부법], 119쪽, [격몽요결] 중에서 >

사람다운 사람은 식견이 넓어야 하고, 마음이 열려 있어야 한다. 그래야 함께 더불어 살아 갈 수 있고 원만한 인간관계를 형성할 수 있고, 무엇보다 행복하고 성공적으로 살아갈 수 있기 때문이다.

식견이 좁은 사람은 무엇인가의 노예로 전락하거나 잘못된 선택을 통해 불행한 삶을 살게 되거나 누군가로부터 혹은 무엇으로부터 착취당

하거나 이용당하면서 살게 되는 경우가 많다. 뿐만 아니라 식견이 좁고 마음이 꽉 막힌 사람들은 쉽게 사기를 당하고, 어리석은 선택을 자주 하게 되어 인생이 남들보다 몇 십 배 더 힘들고 고달프다.

식견이 좁고 마음이 꽉 막히고 세상을 보는 안목이 없는 사람은 사업을 해도 잘 할 수 없고, 투자를 해도 제대로 할 수 없고, 무엇을 해도 잘 할 수 없다. 그 결과 실패한 인생을 살게 된다.

바로 이런 이유 때문에 사람다운 사람이 되고, 사람답게 행복한 삶, 성공적인 삶을 살기 위해서 공부를 반드시 해야 하는 것이다.

– 당연히 해야 하는 것이 공부다.

율곡 이이는 공부는 사람이라면 당연히 해야 하는 것이라고 말한다. 또한 공부란 것이 특별히 어려운 것도 아니고 특별한 사람만이 해야 하는 특별한 것이 아니라 일상 생활 가운데 있는 평범한 것이라고 말한다.

" 지금 사람들은 공부하는 것이 일상생활 가운데 있음을 알지 못하고 망령되게도 높고 먼 데 있어 행하기 어려운 것으로 생각하므로, 공부는 특별한 사람이나 하는 것으로 간주하고 자기는 자포자기해버린다. 이 어찌 슬픈 일이 아니겠는가." < 박희병, [선인들의 공부법], 119쪽, [격몽요결] 중에서 >

율곡 이이의 말대로 공부는 특별한 사람이 하는 특별한 것이 아니라 사람이라면 당연히 해야 하는 것이며, 공부를 하지 않으면 자꾸 자신의 식견이 좁아지게 되는 것을 알아야 한다. 사람다운 사람이 되기 위해 공부해야 하는 것이다. 그리고 여기에서 더 나아가서 사람이라면 당연히 해야 하는 것이 바로 공부인 것이다.

사람이라면 당연히 해야 하는 것이 공부인 이유는 평번한 사람이라도 그 타고난 본성은 성인과 똑같다고 율곡 이이는 생각하기 때문일 것이다. 그래서 평범한 사람이라 해도 성인이 되기를 희망해야 할 필요가 있다고 조언해 주고 있는 것이다.

" 처음 배우는 이는 무엇보다 먼저 뜻을 세워야 한다. 반드시 성인이 되겠노라고 스스로 다짐하고, 조금이라도 자신을 하찮게 여기거나 중도에 물러설 생각을 하지 말아야 한다. 평범한 사람들도 그 타고난 본성은 성인과 똑같다. 비록 그 기질에 있어 맑고 흐리고 순수하고 잡됨의 차이는 있을 수 있겠지만 참되게 알아 실천하여 잘못된 습관을 버리고 타고난 본성을 되찾는다면, 털끝만큼도 보태지 않더라도 온갖 착함이 다 갖추어질 것이다. 그러니 평범한 사람이라 해서 어찌 성인되기를 바라지 않을 수 있겠는가?” < 박희병, [선인들의 공부법], 119쪽, [격몽요결] 중에서 >

평범한 사람이라고 해도 성인되기를 희망해야 하는 것인 이유와 역시 사람이라면 당연히 해야 하는 것이 공부인 이유가 모두 일맥상통한 것임을 율곡은 강조하고 있다. 사람들이 그 기질에 있어 차이가 있지만, 그 타고난 본성은 차이가 없기 때문이라는 것이다.

그렇기 때문에 공부를 통해 참됨을 알고 잘못된 습관을 버리게 된다면 타고난 본성을 되찾게 되고, 그렇게 된다면 성인이 될 수 있다고 말하는 것이다.

– 겉으로 꾸미는 말과 자랑하는 것을 경계하라.

율곡 이이는 글 쓰는 것을 도의 말단이라고 말하면서, 남에게 호감을 사기 위해 번지르르한 말을 사용하여 겉으로 꾸미는 말만 하고, 세상에 자기 재주나 자랑하는 것을 경계했다. 그래서 글을 솜씨 있게 잘 짓기는 해도 근본적인 도에서 벗어나고, 말만 많고 이치에 거스르고, 말은 막히지 않아도 뜻이 막히는 것들이 속유가 하는 행동이라고 말하며 경계했다.

속유(俗儒)란 식견이나 행실이 변변하지 못한 선비를 일컫는 말이다. 그래서 성현의 글과 송유의 글에는 분명한 차이가 있다고 다음과 같이 말한 적이 있다.

" 도道가 나타난 것이 글(文)이니, 도는 글의 근본이며 글은 도의 말단입니다. 근본을 중심에 두고 말단을 포함하는 것은 성현의 글이요, 말단만 일삼고 근본은 일삼지 않는 것은 속유俗儒의 글입니다. 옛 학자들은 반드시 먼저 도를 밝혀 마음에 얻은 것이 있으면 행동으로 옮겼으며, 말에 나타난 것은 모두 도가 나타난 것이었습니다. 그러므로 말이 간략하여도 이치가 타당하고 알아듣기 쉬우며 뜻이 깊어, 마침내 도덕과 인의(仁義)를 윤택하게 하여 빛냈으니 이것이 성현의 글입니다. 후세의 학자들은 실리(實理)를 구하지 않고 실속 없는 꾸밈만을 숭상하여, 마음에 얻은 것 없이 겉으로 꾸미는 말만 하여 남의 호감이나 사고 세상에 자기 재주나 자랑합니다. 그러므로 글을 솜씨 있게 짓기는 해도 도의에서 벗어나고, 말만 많고 이치에는 거스르며, 말은 막히지 않아도 뜻이 막히니, 이것이 속유의 글입니다." < 김태완, [율곡문답], 55쪽 >

지금 이 시대에도 학자들이 경계해야 할 것들이 바로 율곡 이이가 말한 것이 아닐까? 라는 생각이 든다. 조금만 배우고, 조금만 뭔가를 깨닫게 되면 사람들은 그것을 입밖으로 떠들어 대면서 자랑하기에 온 힘을 다 쏟는다.

율곡 이이가 말한 이 대목에 필자는 동감하지 않을 수 없다. 한국 사회에 보면 정말 스스로를 성장시키고 발전시키기 위해 평생을 공부를 하며 지독하게 자신을 향상시켜 나가는 사람은 찾아보기 힘들 정도이기 때문이다.

반대로 그저 사람들의 마음을 사로잡는 번지르르한 말을 사용하여 겉만 꾸미는 그런 말을 하여 대중적인 인기를 한 몸에 받고 있는 그런 유명 작가들이 적지 않다. 더 큰 문제들은 그런 유명 작가들이 자신을 향상시키고 발전시키기 위해 스스로 더욱 더 많은 공부를 하고 책을 보려고 하지 않고 자신의 인기에 취하여 그 인기 때문에 더 이상의 학문적인 노력이나 성장을 하지 않는 다는 것이다.

– 공부가 힘든 이유는 잘못된 습관 때문이다.

율곡 이이는 사람이 공부에 뜻을 두고 있음에도 실천하지 못 하여 학문을 이루지 못 하는 이유로 잘못된 오래된 습관 때문이라고 말을 한 적이 있다.

“ 사람이 비록 공부하겠다는 뜻을 가지고 있으면서도 용감하게 앞으로 나아가 학문을 이루지 못하는 것은, 오래된 습관이 가로막아 방해하기 때문이다.” < 박희병, [선인들의 공부법], 122쪽, [격몽요결] 중에서 >

율곡 이이가 오래된 습관의 조목으로 열거한 것은 크게 여덟 가지이다. 그 밖의 것들은 일일이 다 들기 어려울 것이다. 그가 열거한 여덟 가지 오래된 습관을 살펴보자.

“첫째. 마음과 뜻을 게을리 하고 몸가짐을 함

부로 하면서 한가롭고 편안한 것만 생각하고 자신을 단속함을 몹시 싫어하는 것.

둘째. 항상 돌아다니기만 생각하여 조용히 안정하지 못하고, 분주히 드나들면서 이야기로 세월을 보내는 것.

셋째. 자신과 같은 부류를 좋아하고 다른 부류를 미워하며, 시속(時俗)에 빠져 있고, 이런 자신을 조금 고쳐보려 하다가도 무리로부터 따돌림을 받을까 두려워하는 것.

넷째. 글로써 시류(時流)에 칭찬받기를 좋아하고, 경전의 글귀를 표절하여 문장을 꾸미는 것.

다섯째. 편지 쓰기에 공을 들이고, 거문고를 타거나 술 마시는 데 탐닉하여 빈둥빈둥 세월을 보내면서 스스로 그것이 맑은 운치라고 말하는 것.

여섯째. 한가한 사람들을 모아 바둑이나 장기 두기를 좋아하고, 종일토록 배불리 먹으면서 논쟁만 일삼는 것.

일곱째. 재산이 많고 지위가 높은 것을 부러워

하고 가난하고 지체가 낮은 것을 싫어하여, 베옷을 입고 거친 음식을 먹는 것을 몹시 부끄럽게 여기는 것.

여덟째. 욕심에 절도가 없어 능히 끊어버리거나 절제하지 못하고 돈과 노래와 여색에 빠져 그 맛을 꿀맛처럼 여기는 것. “ < 박희병, [선인들의 공부법], 119쪽, [격몽요결] 중에서 >

율곡 이이가 말한 여덟 가지 습관을 간단하게 현대식으로 바꾸어 보면 이렇다. 이것만 명심해도 좋을 것 같다.

첫째. 시간 관리를 철저히 하여 시간 낭비를 조심할 것.

둘째. 조용히 앉아 자기만의 성찰과 발전의 시간을 가질 것.

셋째. 편을 가르지 말고 자신과 다른 사람도 인정해 주고 포용할 것.

넷째. 번지르르한 글로 자신을 포장하지 말

것.

다섯째. 음주가무에 너무 많은 시간을 뺏기지 말 것.

여섯째. 한가한 사람들과 어울려 잡담하는 것을 경계할 것.

일곱째. 부자를 부러워하지 말고, 가난한 것을 부끄럽게 생각하지 말 것.

여덟째. 돈과 명성에 대한 욕심을 버리고 절제할 것.

율곡 이이가 습관의 병폐를 이야기하는 하는 이유는 오래되고 잘못된 습관이 의지를 약하게 하고 행동을 철저하게 하도록 하지 못 하게 해서 갈수록 나쁜 습관에 길들여지기 때문이다. 그렇기 때문에 공부를 하는 사람들은 수시로 크게 반성하여 노력을 기울여서 나쁜 습관이 고쳐지도록 해야 한다는 것을 주의하고 있는 것이다.

“ 이러한 습관은 사람의 뜻을 굳고 단단하지

못하게 하고 행동을 독실하게 하지 못하게 해서, 오늘 한 것을 다음날에 고치기 어렵게 하고 아침에 그 행동을 뉘우쳤다가도 저녁에는 다시 그래도 하게 한다. 그러므로 반드시 용맹스런 뜻을 크게 떨쳐 마치 단칼로 뿌리와 줄기를 베어버리듯 하고, 그 마음을 깨끗이 씻어 털끝만한 것도 남기지 않으며, 수시로 크게 반성하는 노력을 더하여 마음에 한 점도 나쁜 습관이 남아 있지 않게 해야 한다. 그런 다음에야 학문에 나아가는 공부에 대해 말할 수 있을 것이다."
< 박희병, [선인들의 공부법], 123쪽, [격몽요결] 중에서 >

– 공부라는 것은 일상생활과 일 속에 있다.

율곡 이이는 공부라는 것은 일상 속에 있기 때문에 평소 행동을 삼가고 공손히 하고 일을 진심으로 하고 남을 진실되게 대하는 것이 모두 공부라고 [격몽요결]에서 밝힌 바 있다.

" 공부라는 것은 일상생활과 일 속에 있다. 평소에 행동을 공손히 하고 일을 공경히 하며 남을 진실되게 대하는 것, 이것이 곧 공부라고 할 수 있다. 책을 읽는 것은 이 이치를 밝히고자 해서이다." < 박희병, [선인들의 공부법], 127쪽, [격몽요결] 중에서 >

바로 이런 이유에서 율곡 이이는 생각과 태도가 무엇보다 중요하다고 말한 것이다. 특히 몸가짐과 마음가짐에는 아홉 가지 태도보다 더 중요한 것이 없고, 공부하는 데에는 아홉 가지 생각보다 더 중요한 것이 없다고 말했다.

율곡 이이가 강조한 아홉 가지 태도는 과연 어떤 것이었을 까?

" 이른바 아홉 가지 태도라는 것은, 걸음걸이는 무겁게 하고, 손은 공손하게 가지며, 눈은 바르게 뜨며, 입은 다물고 있으며, 말소리는 조용히 하며, 머리는 곧게 들며, 숨소리는 정숙하게 하며, 서 있는 모습은 의젓해야 하며, 얼굴빛은 위엄이 있게 한다는 것이다."

< 박희병, [선인들의 공부법], 126쪽, [격몽요결] 중에서 >

율곡 이이가 말한 아홉 가지 생각은 어떤 것이었을 까?

" 이른바 아홉 가지 생각이라는 것은, 볼 때는 환히 볼 것을 생각하고, 들을 때는 똑똑하게 들을 것을 생각하고, 안색은 온화하게 가질 것을 생각하고, 태도는 공손할 것을 생각하고, 말은 진실될 것을 생각하고, 일할 때는 조심할 것을 생각하고, 의심날 때는 물어볼 것을 생각하고, 화가 날 때는 곤란하게 될 것을 생각하고, 이득이 생기면 의리를 생각해야 한다.”

< 박희병, [선인들의 공부법], 126쪽, [격몽요결] 중에서 >

공부라는 것이 일상생활 속에 있는 것이며, 일 속에 있는 것이기 때문에 우리가 항상 취하는 태도와 생각이 중요할 수밖에 없다는 율곡 이이의 주장은 틀린 말이 아닐 것이다.

‘예가 아니면 보지도 말고, 예가 아니면 듣지도 말며, 예가 아니면 말하지도 말고, 예가 아니면 행동 하지도 말라’ 고 율곡 이이가 말한 것은 모두 이와 같은 맥락에서 쉽게 이해할 수 있을 것이다.

그래서 ‘자기의 사욕을 이기는 공부가 일상생활에서 가장 긴요하다’ 라고 그가 말한 것도 같은 맥락에서 이해할 수 있다. 여기서 말하는

'자기의 사욕' 이란 내 마음이 좋아하는 게 하늘의 이치에 맞지 않는 것을 의미한다.

또한 율곡 이이가 '말이 많고 잡념이 많은 것이 마음 공부에 가장 해롭다' 라고 말한 것도 충분히 이해가 된다.

공부가 바로 일상생활과 일 속에 있다고 그가 말한 것을 고려해 볼 때, 그가 [자경문]을 통해 일을 살피지 않고 독서만 하는 것은 무용한 공부라고 말한 아래 대목이 이해가 될 것이다.

" 새벽에 일어나면 아침 나절 할 일을 생각하고, 아침밥을 먹고 나면 낮 동안 할 일을 생각하고, 잠자리에 들 때면 내일 할 일을 생각한다. 아무 일이 없으면 마음을 내려놓고 일이 있으면 반드시 생각을 하여 일 처리에 마땅한 방도를 얻어야 할 것이다. 그런 뒤에 독서를 한다. 독서란 옳고 그름을 분변하여 일을 행하는 데 실천하는 것이다. 만약 일을 살피지 않고 오뚝 앉아

독서만 한다면, 무용한 학문이 된다." < 강명관, [책벌레들 조선을 만들다], 101쪽 >

– 공부하는 사람이 죽을 때 까지 해야 할 세 가지.

율곡 이이는 공부하는 사람이 죽을 때 까지 해야 할 세 가지 일을 다음과 같이 말하고 있다.

" 삼가 마음을 길러 근본을 세우고(居敬) 사물의 이치를 궁구하여(窮理) 선을 밝히며, 힘써 행하여 실천하는 것(力行), 이 세 가지는 공부하는 사람이 죽을 때까지 해야 할 일이다."

< 박희병, [선인들의 공부법], 131쪽, [격몽요결] 중에서 >

즉 율곡 이이가 말한 공부하는 사람이 죽을 때까지 지켜 해야 할 세 가지는 몸과 마음과 관련이 있다. 한 마디로, 거경은 마음 수양의 의미와 가깝고, 궁리는 진리와 이치 탐구, 그리고 역행은 몸으로 실천하는 것과 가까운 의미라고 정리하면 될 것 같다.

율곡 이이가 말한 공부하는 사람이 죽을 때 까지 해야 할 세 가지 일을 정리하면 이렇다.

1. 거경 _ 마음 수양.
2. 궁리 _ 이치 탐구.
3. 역행 _ 몸 실천.

그런데 여기서 거경궁리(居敬窮理)는 중국의 성리학 해설서인 근사록(近思錄)을 일관하는 이념이라고 할 수 있다. '근사'란 자하(子夏)가 '간절하게 묻고 가까이서 생각한 것'(切問近思)에서 따온 것이며, '인간들이 날마다 쓰는 것'(人倫日用)과 서로 밀접하게 관련된 사상이다.

율곡 이이가 일상 속에서 공부를 해야 한다고 강조한 것도 이와 다르지 않다고 할 수 있다. 날마다 사용하고 날마다 해야 하는 것 속에 결국 공부가 있기 때문이라고 필자는 생각한다.

율곡 이이 선생이 얼마나 지독하게 그리고 철저하게 마음을 수양하고 관리하는 일과 몸으로 올바른 생활을 실천하는 것에 집중하면서 가르쳤는지를 [격몽요결]에서 쉽게 자주 찾아 볼 수 있다.

" 일이 있으면 사리에 맞게 처리하고, 책을 읽을 때는 성실한 마음으로 이치를 궁구해야 한다. 그 외에는 늘 고요히 앉아 마음을 가다듬어서 아무런 잡념이 일어나지 않도록 하고, 정신이 맑아 혼매함이 없도록 해야 한다. 이른바 '공경으로써 마음을 바르게 한다' 는 것이 이런 것이다." < 박희병, [선인들의 공부법], 130쪽, [격몽요결] 중에서 >

그는 또 이런 말도 했다.

" 마땅히 몸과 마음을 바르게 가져 겉과 속이 한결같게 하고, 그윽한 데 있더라도 드러난 곳에 있을 때와 같이 하고, 혼자 있더라도 여러 사람과 함께 있을 때와 같이 하여, 자신의 마음을 저 푸른 하늘의 밝은 해처럼 남들이 환히 볼 수 있게 해야 한다.”

< 박희병, [선인들의 공부법], 130 ~ 1쪽, [격몽요결] 중에서 >

결국 율곡 이이의 주장은 공부는 평생 해야 하는 것이며, 공부는 절대로 일상생활에서 벗어나서 생각할 수 없는 것이기에, 습관, 몸, 마음, 생각, 행동, 일 과 같은 것들을 제대로 하고 향상시키는 것, 진심으로 대하는 것이 또한 공부라는 것이다.

하지만 그러면서도 율곡 이이는 사물의 이치를 궁구하기 위해서는 무엇보다도 먼저 책을 읽어야 한다는 사실을 강조했다. 책 속에 모든 것들이 들어 있기 때문이라는 것이다.

“ 공부하는 사람은 항상 그 마음을 학문에 두어야지 다른 일에 얽매여서는 안 된다. 반드시 사물의 이치를 궁구하여 선이 무엇인지 분명히 안 다음에야 마땅히 나아갈 길이 앞에 환히 나타나서 차차 발전하게 된다. 그러므로 도에 들어가기 위해서는 무엇보다도 먼저 사물의 이치를 궁구해야 하며, 사물의 이치를 궁구하기 위해서는 무엇보다도 먼저 책을 읽어야 한다. 성현이 마음을 쓴 자취와 본받아야 할 선과 경계해야 할 악이 모두 책 속에 들어 있기 때문이다." < 박희병, [선인들의 공부법], 131쪽, [격몽요결] 중에서 >

율곡 이이는 공부하는 사람이 죽을 때 까지 해야 할 세 가지로 거경, 궁리, 역행을 말한 적이 있다. 하지만 이것이 전부가 아니었다. 그는 공부하는 선비가 세상에 태어났다면, 반드시 경제에다 마음을 두어야 한다고 <동호문답>에서 밝힌 적이 있다.

" 선비가 세상에 태어나매, 그들은 반드시 경

제에다 마음을 두고 있어야 하는 것이니 ……”

< [동호문답]중에서, 정광호, [선비, 소신과 처신의 삶], 3쪽 >

즉 다시 말해 율곡 이이가 보는 선비관은 한마디로 세상을 다스리고 백성을 건지는 일을 하여 세상을 세상답게 만들어야 하는 책무를 걸머지고 있는 사람이며, 그렇기 때문에 백성들의 삶과 가장 직결되는 경제에다 항상 마음을 쓰는 사람이어야 한다는 것이다.

율곡 이이가 세상을 세상답게 만들어야 하는 책무를 걸머지고 있어야 선비라고 하는 이유도 역시 역행의 의미를 확장시킨 것이라고 필자는 생각한다. 배우고 깨달은 것을 통해 백성과 생활에 실천하고 적용하여 잘 살게 하는 것이 바로 경제의 본질적인 의미이기 때문일 것이다.

- 율곡 이이의 독서법 _ 숙독하고 통달하라.

율곡 이이는 사물의 이치를 궁구하고, 선과 악을 파악하고, 성현의 뜻을 알기 위해 무엇보다도 먼저 책을 읽어야 할 것을 강조했다. 그렇다면 그의 독서법은 어떤 것이었을 까? 그는 어떤 식으로 책을 읽었을까?

필자가 그의 독서 모습을 살펴본 후 내린 결론, 즉 그의 독서법은 한 마디로 '숙독하고 통달하는 독서법'이었다. 그가 경계한 독서법은 입으로만 읽고, 많은 지식을 얻고자 탐독하는 것이었다.

책을 읽었으면 반드시 통달해야 하고, 마음으로 체득하여 몸으로 실행하는 데 까지 나아가야 한다고 그는 강조한다.

그가 독서법에 대해 [격몽요결]에서 밝힌 여러 가지 주장들을 살펴보자.

“ 무릇 책을 읽는 사람은 반드시 단정히 앉아 삼가 공경하여 책을 대하며, 마음을 오로지하고 뜻을 극진히 하여 글의 의미를 정밀하게 이해하고 깊이 생각할 것이며, 구절마다 반드시 실천할 방법을 찾아야 한다. 만일 입으로만 읽어서 마음으로 체득하지 못 하고 몸으로 실행하지 못 한다면, 책은 책이고 나는 나니 무슨 이로움이 있겠는가?”

< 박희병, [선인들의 공부법], 133쪽, [격몽요결] 중에서 >

율곡 선생이 경계한 독서법은 책은 책이고, 나는 나다고 하는 식으로 책을 읽어도 그저 생각이나 행동이 조금도 바뀌지 않고, 그저 지식의 축적과 습득만을 일삼은 독서라고 할 수 있다,. 그리고 이렇게 지식의 습득을 위해서만 책을 읽게 되면 결국 겉으로 꾸미는 말을 많이 하게 되고, 자랑하게 되고, 읽은 척을 하게 되는 것이다.

하지만 마음으로 체득하고 몸으로 실행하면, 생각과 행동이 변화가 되었다는 것을 알 수 있고, 결국 이런 독서를 하는 사람은 인생이 달라지게 되는 것이라고 필자는 생각한다.

" 책을 읽을 때는 반드시 한 가지 책을 숙독하여 그 뜻을 다 알아서 완전히 통달하고 의문이 없게 된 다음에야 다른 책을 읽을 것이요. 많은 책을 읽어서 많이 얻기를 탐내어 부산하게 이것 저것 읽지 말아야 한다." < 박희병, [선인들의 공부법], 133쪽, [격몽요결] 중에서 >

이것이 바로 율곡 이이 선생의 독서법이라고 필자가 생각하는 것이다. '한 가지 책을 완전하게 이해하고 숙독하고, 완전히 통달하여 의문이 없도록 할 때 까지 읽는 것' 이다.

하지만 필자는 지금 이 시대에는 이런 독서법

이 비효율적인 독서법이라고 생각한다. 왜냐하면 그 당시에는 '참고할 수 있는 책들을 쉽게 구하기도 힘들고, 책들도 많지 않았기 때문' 이다. 지금은 참고할 책들이 너무나 많고, 구하기도 너무나 쉽고, 너무나 다양한 작가들과 학자들의 방대한 의견과 주장들이 넘쳐나기 때문에 책 한 권을 숙독하고 통달할 정도로 깊이 파는 것은 결국 비효율적인 것이라고 생각이 든다.

그 시간과 노력을 다양한 주장과 견해를 펼치는 다양한 학자들의 책들을 섭렵하면 사고가 좀 더 유연해질 수 있고, 창조는 결국 서로 다른 생각과 아이디어들이 교차하고 섞이고 엮이면서 발생하는 것이라고 필자는 생각하기 때문이다.

상대적으로 책의 양이나 수가 매우 작았던 조선 시대에는 책 한 권을 가지고 암기할 정도로, 그리고 숙독하고 통달할 정도로 읽는 것은 어쩌면 당연하고 바람직한 독서법이었을 것이다.

“ 요즘 공부하는 자들을 보면, 생활 속의 작은 일들은 몸소 실천 할 줄 모르면서 입으로만 천리(天理)를 말해 명성이나 얻고 남을 속이려 한다.” - 남명 조식 -

남명(南冥) 조식(曺植) (1501 ~ 1572년) _
항상 깨어 사색하는 공부를 하라.

" 학문을 넓게 배우되, 이를 자기 것으로 소화해서 그것에 힘입어 자신의 경지를 높이고 그 높은 경지에서 모든 사물을 환히 내려다보는 고명(高明)이 있고서야 행함이 도에 어긋나지 않고 세상의 쓰임에 이롭지 않은 것이 없다."

" 공부하는 사람은 잠을 많이 자서는 안 된다. 사색하는 공부는 밤에 더욱 온전히 되기 때문이다."

" 학문이란 모름지기 스스로 깨침을 귀하게 여긴다. 한갓 책에 의존하여 알게 된 이치일 뿐이고 자기 마음속에서 참되이 깨달은 게 아니라면, 결국 아무 소용이 없다. 마음속에서 참되이 깨달은 것은 입으로 말하기 어렵다. 그러므로 학자는 말 잘하는 것을 귀하게 여기지 않는다."

– 박문약례(博文約禮)한 학자

남명 조식 선생을 한 마디로 평가한다면 널리 학문을 닦아 사리에 밝고 예절을 잘 지킨 학자라고 할 수 있다. 이것을 우리는 박문약례(博文約禮)라고 한다. 그는 아무리 학문을 많이 했다고 떠들어 대도 자득한 것이 없으면 헛공부라고 경고했다.

그는 학문을 통해 사리에 밝아야 행함이 예와 도에 어긋나지 않을 수 있다고 말한다. 그래서 그가 학문을 통해 얻고자 했던 것은 자기 것으로 소화시켜 식견을 높이고 자신의 경지를 높여서 행함이 세상의 쓰임에 이롭지 않은 것이 없도록 하는 것이었다고 말할 수 있다.

그의 [남명선생문집]에 보면 이런 대목이 나온다.

" 학문을 넓게 배우되, 이를 자기 것으로 소화해서 그것에 힘입어 자신의 경지를 높이고 그 높은 경지에서 모든 사물을 환히 내려다보는 고명(高明)이 있고서야 행함이 도에 어긋나지 않고 세상의 쓰임에 이롭지 않은 것이 없다."
< [남명선생문집](별집), 권2, 186쪽, (김충열, [남명 조식의 학문과 선비정신], 57쪽) >

조선 중기 도학자인 남명(南冥) 조식(曺植)은 잠을 많이 자지 말고 항상 깨어 공부하라고 말했다. 그의 문인이나 사숙인(私淑人)의 문집에 보면 이런 내용의 그의 말을 자주 접할 수 있다.

" 잠을 많이 자지 말라. 사색공부는 밤에 더욱 전일하게 해야 한다."

< 최석기, [우리가 꼭 알아야 할 공부], 217쪽, (이익, [성호전집] 권8) >

[남명집]에 보면 더 자세하게 나와 있음을 알 수 있다.

" 공부하는 사람은 잠을 많이 자서는 안 된다. 사색하는 공부는 밤에 더욱 온전히 되기 때문이다." < 박희병, [선인들의 공부법], 112쪽, [남명집] 중에서 >

남명 조식 선생은 잠을 많이 자는 것을 경계했다. 그러면서 잠을 많이 자지 말고 그 시간에 사색공부를 하라고 강조했다는 점이 독특하다고 할 수 있다. 보통 공부라면 책을 통한 공부라 가장 일반적일 것이다. 하지만 그는 사색을 통한 공부를 강조했다.

남명 선생은 공부하여 깨달은 이치를 반드시 일상생활 속에서 실천을 강조한 학자였다. 그래서 나라가 풍전등하風前燈下의 위기일 때 나라를 구하기 위해 자신의 목숨을 건 의병장들 중에 많은 이들이 그의 제자였던 것은 우연한 일이 아니라고 볼 수 있다.

그에 대해 평가하는 대목을 살펴보면 이러한 사실을 잘 알 수 있을 것이다.

" 그는 공부란 일상생활 속에서 이루어지며, 또한 공부하여 깨달은 이치를 반드시 일상생활 속에서 실천해야 한다고 생각하였다. 이 때문에 퇴계 문하의 학풍이 형이상학적 논의에 치중하는 경향을 보이는 데 대해 엄중한 비판을 가하기도 하였다. 임진왜란 때 곽재우를 비롯해 수많은 의병장들이 그의 문하에서 나온 것은 의와 실천을 강조한 학풍 때문이었던 것이다."

< 박희병, [선인들의 공부법], 108쪽 중에서 >

그가 박문약례한 학자라는 사실을 확실하게 알 수 있는 대목이 아닐 수 없다.

– 사색하는 공부를 강조하다.

조선 시대 성리학자들은 무엇보다도 사색 공부를 그렇게 강조한 것 같지는 않다. 하지만 남명 조식은 아닌 것 같다. 사색 공부를 강조한 대표적인 인물이 바로 남명 조식 선생인 듯하다. 그가 그렇게 사색 공부를 강조한 이유는 진리 탐구가 아니라 '자기 실천', '자기 체득' 때문이라는 점이 특별하다고 할 수 있다.

이러한 사실에 대해 최석기 교수는 다음과 같이 설명하고 있다.

" 16세기 남명 조식은 자득(自得)을 매우 중시하여 밤에 사색할 것을 강조하였는데, 이는 지식을 실천하기 위한 체득을 염두에 두었기 때문이다. 따라서 조식이 사색을 중시한 것은 진리 자체의 탐구를 위한 것이 아니라, 피상적 지식의 자기화를 위한 것이었다." < 최석기, [우리가 꼭 알아야 할 공부], 213쪽 >

이렇게 사색을 강조한 위인들이 적지 않다는 사실을 살펴볼 때 사색하는 공부를 게을리 해서는 안 될 것 같다.

[논어]를 보면 공자가 '배우고 생각하지 않으면 어둡고, 생각만 하고 배우지 않으면 위태하다' 라고 말을 한 적이 있음을 알 수 있다. 그리고 맹자도 역시 공자의 이 말과 비슷한 말을 한 적이 있다. 그는 [맹자]라는 책을 통해 '생각하면 얻고 생각하지 않으면 얻지 못 하게 된다.(思則得之 不思則不得也)' 라고 말한 적이 있다.

서양의 대문호인 톨스토이도 역시 사색의 중요성을 강조한 위인이다.

" 기억에 의해서가 아니라 사색에 의해서 얻어진 것만이 참된 지식이다."

프랜시스 베이컨도 사색을 위한 독서를 강조

했다.

“ 반대하거나 논쟁하기 위해 독서하지 말라. 그렇다고 해서 있는 그대로 수용하기 위해서도 독서하지 말라. 그저 자신이 생각하고 연구하기 위해서 독서하라. ”

독서와 공부의 중요한 핵심 중에 하나가 사색이라는 것을 강조하고 있는 위인들은 적지 않다.

‘생각하지 않고 읽는 것은 씹지 않고 식사하는 것과 같다.’

라고 E. 버크가 말했다.

‘ 독서는 다만 지식의 재료를 줄 뿐, 그 자신의 것을 만드는 것은 사색의 힘이다.’

라고 로크도 덧붙였다. 여기에 마크 트웨인도

한 몫을 했다.

'당신에게 가장 필요한 책은 당신으로 하여금 가장 많이 생각하게 하는 책이다.'

남명 선생이 사색하는 공부를 강조했다고 해서 사색하여 이치를 깨닫게 되는 것이 그의 공부의 전부라고 생각하는 것은 성급한 결론이라고 할 수 있다. 그는 누구보다 실천을 강조했고, 하늘의 이치를 깨닫는 것과 함께 사람의 일을 돌아보는 것도 매우 중요한 것이기 때문에 버려서는 안 된다고 강조한 학자이기 때문이다.

"아래로 사람의 일을 배운 다음, 위로 하늘의 이치에 통하는 것이 학문에 나아가는 올바른 순서이다. 사람의 일을 버리고 하늘의 이치만 말하는 것은 입에 발린 이치이고, 스스로를 돌이켜 보지 않고 지식만 주워 모으는 것은 진정한 학문이 아니다."

< 박희병, [선인들의 공부법], 111

쪽, [남명집] 중에서 >

그렇다면 남명 선생이 사색을 강조한 이유는 사색을 통해 사람의 일과 하늘의 일을 모두 깨닫고 실천해 나가는 데 시행착오를 줄이기 위한 것이라고 생각해도 될 것 같다.

– 가르치기 위한 공부보다는 완성을 위한 공부를 하라.

남명 조식 선생이 추구해 온 공부를 보면 남에게 가르치기 위한 공부보다는 자기 자신의 학문적 완성을 위한 공부를 평생 해 오면서 추구해 왔음을 알게 되고 놀라지 않을 수 없다.

지금 이 세상에는 조금만 배우고, 빨리 배워서, 그것을 가지고 평생 사용해 먹고, 그것을 가지고 남들을 가르치는 그런 사람들이 적지 않다. 그래서 과거처럼 깊고 진지한 학자들이 많지 않은 것인지도 모른다.

너무 빠르게 변하는 세상의 단편적인 현상인지도 모른다. 하지만 조선 시대 선비들은, 최소한 참된 공부를 추구했던 선비들은 그렇지 않았다. 대표적인 인물이 바로 남명 조식이다.

남명 조식 선생은 61세라는 나이에도 불구하

고 자신의 학문을 완성시키기 위해 지리산 천왕봉이 바라보이는 덕산(德山)으로 이사를 했다고 한다. 천왕봉을 도반으로 삼아 말년이라도 더 공부에 정진하고자 하였던 것이다.

이런 사실에 대해 최석기 박사는 자신의 저서인 [우리가 꼭 알아야 할 공부]라는 책에서 이렇게 말하고 있다.

“ 남명 조식이 61세에 공부를 새롭게 하기 위해 천왕봉이 보이는 산속으로 찾아들었다는 감동적인 이야기를 접하면서, 나는 정신이 번쩍 들었다. 나도 61세가 되어 남들에게 가르치기보다는 공부의 완성을 위해 새로운 변화를 추구할 수 있을까? 5백 년 전 61세는 지금의 71세와 마찬가지이다. 정년퇴직을 하고 다시 자신을 새롭게 하는 공부를 하겠다고 새로운 다짐을 하는 사람이 지금 세상에는 얼마나 될까?” < 최석기, [우리가 꼭 알아야 할 공부], 258쪽 >

그의 말처럼, 남들에게 가르치기 위한 공부, 먹고 살기 위한 공부, 성공하기 위한 공부, 돈을 벌기 위해 재테크를 위한 공부를 하는 사람들이 거의 대부분인 현실에서 공부의 완성을 위해 이사를 하고 새로운 변화를 추구한다는 것은 정말 놀라운 일이 아닐 수 없다.

우리 후손들이 배워야 할 것은 이런 공부에 대한 끝없는 진지한 자세와 순수한 공부에 대한 열정일 것이다. 남명 선생은 남에게 가르치고, 말을 잘 하는 것을 귀하게 여기지 않았다. 가장 중요한 공부는 스스로 깨우치는 것이라고 생각했기 때문이다.

" 학문이란 모름지기 스스로 깨침을 귀하게 여긴다. 한갓 책에 의존하여 알게 된 이치일 뿐이고 자기 마음속에서 참되이 깨달은 게 아니라면, 결국 아무 소용이 없다. 마음속에서 참되이 깨달은 것은 입으로 말하기 어렵다. 그러므로 학자는 말 잘하는 것을 귀하게 여기지 않는

다.” < 박희병, [선인들의 공부법], 112 ~ 113쪽, [남명집] 중에서 >

즉 마음속에서 참되이 깨달은 것만이 자신의 완성에 도움이 된다고 생각할 수 있다. 지금 현대 사회에서는 어떻게 하면 남들한테 더 잘 보이고, 더 잘 말을 할까에 집중하는 경향이 있다. 너무 얄팍한 시대가 되었다. 그래서 스피치 코칭이나 스피치 학원이 유행하고 있는 것인지도 모른다.

남에게 가르치거나 잘 말하기 위해서 스피치 학원을 다닐 시간과 노력을 스스로 완성을 하기 위한 공부에 투자하는 것이 백 배 더 나은 것이 아닐까 생각해 본다.

– 성성자(惺惺子)를 이용한 심성수양 공부를 하다.

남명 조식 선생의 공부 방법 중에 독특한 점은 쇠방울을 이용하여 항상 자신의 마음을 경각시켰다는 것이다. 그는 항상 쇠방울을 차고 다니면서 자신의 마음을 깨웠던 것이다.

마음이 언제나 나태해지거나 잠을 자지 않고, 밤하늘의 별처럼 반짝반짝 빛나도록 하기 위해 바로 그런 의미를 가진 단어인 성성(惺惺)이란 이름을 사용하여 쇠방울 이름을 '성성자'라는 이름을 붙이고, 그것을 항상 몸에 차고 다니면서 잠시도 흐트러진 마음을 용납하지 않았고, 그것을 경계했던 인물이다.

후대의 조선 선비였던 성호 이익 선생은 남명 조식 선생이 위대한 학자가 될 수 있었던 이유가 바로 이러한 성성자 때문이었다고 평가했다. 성호 이익 선생이 남명 조식 선생에 대해 이야기한 부분을 살펴보면 이러한 사실을 잘 알 수 있다.

"성성자여!
대인 선생이 공경하고 존중하시던 것.

마음이 있으면 입으로 하는 말에 허물이 있나니,
마음이 움직일 때 반드시 살펴야 하고,
살필 적에는 반드시 말을 살펴야 하네.
움직일 때 살피면 두려움을 알게 되어,
말하는 것도 이에 두려워하게 되지.

처음부터 움직임을 따라 고쳐 나가길 구해야,
끝내 허물이 없기를 기약할 수 있으리.
밖으로 신체를 단속하지 않으면서,
어찌 안으로 마음을 곧게 하길 바라랴.
쥐가 쥐구멍을 지키며 움직이지 않듯,
닭이 알을 품고 그 마음을 잊지 않듯,
군자가 정중하게 움직일 때 옥이 울리듯,

쟁반에 물이 가득 찬 그릇을 받들 듯,
정(靜)을 주로 함을 근본으로 삼아야,
본체가 확립되고 작용이 행해지리,
우뚝하니 빛나는 선생의 기상과 절개,
연못에 임한 듯 살얼음을 밟는 듯한 데서 길러진 것.

행동거지에 조금의 잘못이라도 있으면,
문득 마음에서 먼저 경계를 하셨네.
밥 먹을 정도의 짧은 시간에도 어김이 없었고,
어려운 상황 속에서도 여기에 마음을 두셨네.
선생이 선생이 되신 까닭,
오직 이 성성자 때문이리. "

< 최석기, [우리가 꼭 알아야 할 공부], 260 ~ 261쪽, (이익, [성호전집], 권8, <성성자> >

이 세상에 이런 도구를 사용하여 자신의 수양공부의 경계를 삼았던 인물은 보기 드물 것이다. 이만큼 우리 선조들은 철저하게 자신을 관

리하며 철저한 공부를 했던 것이다.

필자는 남명 조식 선생의 공부하는 자세를 이러한 그들을 통해 좀 더 현대적으로 표현하고 싶었다. 그래서 필자는 이렇게 말하고 싶다.

' 닭이 알을 품듯이 공부하라.'

닭이 알을 품듯이 지극 정성을 다해 공부하는 그런 공부의 자세를 필자는 남명 조식 선생을 통해 배울 수 있었던 것이다.

남명 조식이 어느 날 이 방울을 제자에게 주며 다음과 같은 말을 했다고 한다.

" 이것의 맑은 소리가 깨우침을 주니 사람들이 모두 차고 다니면 좋겠다. 나는 이 방울을 귀중한 보배로 알고 항상 허리에 차고 다닌다. 조금만 움직여도 소리가 나니, 나는 방울소리가 날 때마다 늘 조심하며 내 자신을 꾸짖어왔다.

내가 이 방울을 심히 공경하고 두려워하고 있으니 너도 이 방울에게 죄를 얻지 말라." < 이용범, [인생의 참스승, 선비], 66쪽 >

– 칼을 차고 다닌 선비

남명 조식은 선비였지만 칼을 차고 다닌 선비였다. 그리고 늘 방에 앉아 사색을 할 때 졸음이 오면 칼을 어루만지며 졸음을 쫓았다. 그런데 그 칼에는 다음과 같은 글자가 새겨져 있었다고 한다.

"안에서 나를 깨우치는 것은 경이요(內明者敬), 밖에서 결단하는 것은 의다(外斷者義)."

한 마디로 서릿발 같은 선비의 기상과 스스로 경계를 하기 위한 또 다른 하나의 도구로 칼을 사용하고 있다는 것을 알 수 있다.

[조선왕조실록]의 [졸기]를 보면 남명 선생의 공부하는 모습과 기강을 알 수 있는 대목이 나온다.

" 조용한 방에 단정히 앉아 칼로 턱을 고이는

가 하면 허리춤에 방울을 차고 스스로 행동을 조심하여 밤에도 정신을 흐트린 적이 없었다.

한가로이 지낸 세월이 오래되자 사욕과 잡념이 깨끗이 씻겨 천 길 높이 우뚝 선 기상이 있었고, 꿋꿋한 절개로 악을 미워하여 선량하지 않은 향인은 엄격하게 멀리했기 때문에 향인이 감히 접근하지 못했으며, 오직 학도들만이 종유하였다." < 이수광, [공부에 미친 16인의 조선 선비들], 53쪽, ([조선왕조실록] (졸기)) >

이렇게 스스로를 쇠방울과 칼을 차고 다니면서 경계를 하면서 공부를 했던 남명 조식이 사관들로 하여금 높은 평가를 받는 것은 어쩌면 당연한 일인지도 모른다. 그에 대한 사관들의 평가를 살펴보자.

" 조식은 숨어 사는 선비로 시골에 살고 있다. 비록 작록(爵祿) 보기를 뜬구름같이 여겼지만, 오히려 임금은 잊어버리지 않았다. 정성스럽게 나라를 근심하는 마음이 언사에 드러났고 간절하고 강직하여 회피하지 않았으니, 명성을 거짓으로 얻은 자가 아니라고 할 만하다.

세도가 쇠미해져서 염치가 모두 사라지고 기개와 절조가 쓸어버린 듯하여, 유일(遺逸 : 유능한 사람이 등용되지 않아 세상에 나타나지 않음) 이란 이름을 칭탁하고 공명을 낚는 자가 참으로 많은데, 어질도다, 조식이여!

몸가짐을 조심스럽고 조촐하게 하며 초야에서 빛을 감추었지만, 난초와 같은 향기는 저절로 알려지고 명망은 조정에 전해져서 이미 참봉에 차임(差任)되고 또 주부(主簿)에 임명된 것이 두세 번에 이르렀지만, 모두 머리를 저으며 거절하였다.

지금 이 수령의 직임은 영광이며 특별히 제수한 은혜는 드물다고 하는데도, 가난한 것을 편안히 여기고 스스로 도를 즐기면서 끝까지 벼슬에 나

아가려고 하지 않았으니, 그 뜻을 높이 살만하다. “

< 이수광, [공부에 미친 16인의 조선 선비들], 99쪽, >

- 스스로 하는 공부를 하라.

남명 조식이 강조한 것은 공부를 스스로 할 수 있어야 한다는 것이다. 현대인들에게도 이 말은 매우 중요한 의미를 둘 것이다. 학창 시절은 겨우 십년 남짓 밖에 되지 않는 다. 20대부터 90세 혹은 100세 까지 혼자서 공부를 해야 한다.

남명 조식 선생인 처음부터 벼슬자리에 나아가려고 하지 않았던 것은 아니다. 과거 시험을 몇 번 봤지만 여러 번 낙방하게 되었다. 이 때 어떤 선비들은 학문을 포기하고, 그저 평범하게 살아가거나 방황을 하게 되거나 몰락하게 되는 경우가 많다.

하지만 조식 선생은 여러 번 낙방한 후에 스스로 하는 공부의 길을 발견하고 깨닫게 되어 형통할 수 있게 되었다고 말한다.

" 사람들은 대부분 불우함을 걱정하지만, 나

는 불우함으로 인해 형통할 수 있었다. 여러 번 과거시험에 낙방하여 불우했기에 형통하기를 바라다가 가야 할 길을 찾게 되었고, 그 길을 가다가 본연의 마음을 볼 수 있었으며, 부형(父兄)의 가르침을 들을 수 있었다. 굶주림 끝에 먹을 것을 얻고 근심 끝에 즐거움을 얻은 셈이니, 나의 불우함을 세상 사람들의 형통함과 바꿀 수 있겠는가? 나는 바꾸지 않으련다."

< 박희병, [선인들의 공부법], 111쪽, [남명집] 중에서 >

그가 과거시험에 여러 번 낙방한 후 스스로 자신의 길을 찾아가는 공부를 하지 않았다면 우리들은 그의 이름을 알지 못 했을 지도 모른다.

" 조식이 박학 후의 집약을 강조하고 그 집약이 바로 自得力자득력이 되어 언제나 위기(爲己), 즉 극기 공부를 스스로 할 수 있어야 비로소 학문하는 사람이라 할 수 있다고 한 것에 의한다면, 이른바 평생 교육이란 어려서부터 스스로 공부할 수 있는 힘을 길러 그것으로 항상 자신을 고쳐나가고 키워 나가는 자아교육, 자율교육이어야 한다. 이에 스승이란 학생에게 자기계발 능력을 길러주는 것이나, 평생토록 학생을 끼고 외부로부터 주입하는 것을 교육으로 알아서는 안 된다는 것이다.” < [남명선생문집](별집), 권2, (김충열, [남명 조식의 학문과 선비정신], 78쪽) >

지금 이 시대에도 가장 중요한 것이 스스로 하는 공부일 것이다. 한국 사람들이 전 세계적으로 머리가 좋고, 재주도 좋지만, 학문 분야에서 노벨상을 수상한 사람이 단 한 명도 없다는 점을 생각해 봐야 한다. 그 이유가 과연 무엇일까?

바로 자기 스스로 하는 공부에 서툴기 때문이라고 필자는 생각한다. 현대적인 용어로 이것을 ‘자기 주도 학습’ 이라고 말을 하기도 한다. 많은 사람들이 한국의 교육 시스템이 잘못 되었기 때문에 노벨상 수상자가 없는 것이라고 한탄하기도 하고, 너무 주입식 시험 제도와 교육 제도 때문이라고 한탄하기도 한다.

하지만 이 말이 절대적으로 맞다고는 할 수 없다. 우리 한국의 교육 시스템과 교육 제도는 일본과 거의 동일하다. 일제 치하 때 형성된 초, 중, 고, 대학교의 교육 시스템이 해방이 되면서 그대로 유지되었기 때문이다.

똑같은 교육 시스템과 교육 제도에서 교육을 받은 일본인들 중에서는 노벨상을 수상한 사람들이 적지 않다는 것을 기억해야 할 것이다.

문제는 자기 스스로 하는 공부에 한국인들이 너무 서툴기 때문이라고 필자는 생각한다. 이런 현상은 세계 학생들을 모아놓고 테스트를 해 보면 금방 알 수 있다. 한국의 학생들은 국어, 영어, 수학과 같은 과목의 성적은 우수하지만, 스스로 하는 공부인 자기 주도 학습 부분에서는 항상 최하위를 면치 못 하기 때문이다.

스스로 하는 공부가 중요한 이유는 평생 학습의 시대이기 때문이다. 학창 시절은 상대적으로 짧아졌고, 직장도 역시 짧아지고 있다. 하지만 평균 수명은 100세 시대를 육박하고 있다. 살아야 할 시간이 너무 많아 졌기 때문에 10대와 20대 때 배운 지식과 공부로는 어림도 없는 시대가 되었던 것이다.

과거에 평균 수명이 40세가 되지 않은 시대에는 20대 중반까지 배운 것을 가지고 평생 먹고 살 수 있었지만, 이제는 평균 수명이 90세에서 100세를 향하고 있기 때문에 평생 공부가 필요하다. 그렇기 때문에 스스로 하는 공부를 해야 하는 것이다.

– 남에게 보이기 위한 학문을 경계하라.

남명 선생은 20대 중반 때 절에서 공부를 하다가 자신의 공부가 헛된 공부였다는 것을 깨닫고 다시는 속된 학문에 마음이 흔들리지 않을 정도로 참 된 학문에 매진하기로 뜻을 세운 적이 있다고 한다.

그가 생각하는 속된 학문은 한 마디로 위인지학(爲人之學)이다. 그것은 남에게 보이기 위한 학문이다. 이러한 이야기가 담겨 있는 대목을 살펴보자.

" 남명 선생은 26세 때 친구들과 함께 절에서 공부를 하는데, 어느 날 [성리대전]을 읽다가 '이윤의 뜻한 바를 뜻하고 안연의 배운 바를 배워 나아가 벼슬하면 천하에 큰 공을 이룩하고 숨어 학문을 하면 지키는 절조가 있어야 한다.' 는 허형의 말에 이르러, '대장부는 마땅히 이와 같아야 한다. 나아가서도 이룩한 일이 없고 묻혀 살아도 지키는 것이 없다면 뜻한 바나 배운 바를 장차 무엇에 쓸 것인가' 하고는, 비로소 여태까지의 공부가 헛된 것이었다는 걸 깨달아 부끄러운 마음으로 등골에 땀이 배었고, 망연자실해서 밤새도록 잠자리에 들지 못했다. 이로 인해 성현의 학문에 매진하기로 뜻을 세우고 맹렬하게 앞만 보고 나아갔으며, 다시는 속된 학문에 의해 마음이 흔들리지 않았다고 한다. ([남명집]참조)." < 최근덕, [우리의 선비는 이렇게 살았다.], 23쪽 >

이러한 계기로 남명 조식은 평생 학문에 매진했고, 조정에서 여러 번 벼슬을 내렸지만 단 한 번도 응하지 않았던 것이다. 그의 학문의 경지가 세상에 알려지자 배우려는 사람들이 모여들었지만, 그때도 출세에는 마음을 두지 않았다.

남명 조식 선생이 깨달은 속된 학문을 지금 우리 후손들도 역시 깨달아야 할 것이다. 남에게 보이기 위한 학문을 할 경우 절대로 학문의 완성이나 성장을 기대할 수 없기 때문이다. 남에게 보이기 위한 학문의 대표적인 사례가 외우고 암기하여 남들 앞에서 말하는 것이라고 할 수 있다.

어떤 지식을 외우고 암기한다고 해서 그것이 공부의 완성이나 공부의 진척은 절대 아니라는 사실을 우리는 알아야 한다. 외우고 암기하는 사람보다는 어떤 사실을 통해 반복적인 사색을 통해 큰 진리를 깨우치는 것이 더 올바른 공부가 아닐까?

남에게 보이기 위한 공부를 하는 사람은 절대로 위대한 학자가 될 수 없을 뿐만 아니라 공부를 통해 깨닫게 되는 것이 아무것도 없게 된다.

독서를 하는 경우에도 이런 이치가 그대로 적용이 된다. 필자에게 많은 사람들이 왜 자기는 책을 많이 읽었는데도 인생이 달라지지 않느냐고 하소연을 하는 경우가 많다. 그때마다 필자는 그분들에게 책을 읽을 때 남에게 보이기 위해 책을 읽거나, 남에게 뒤처지지 않기 위해 책을 읽거나, 남들만큼 교양을 쌓기 위해 책을 읽기 때문이라고 말한다.

물론 독서의 임계점을 돌파하지 못한다면 독서의 효과가 나타나지 않는 다. 하지만 그것보다 더 근본적인 이유는 독서하게 되는 의도이다. 그 의도가 잘못되었을 경우 독서를 통해 자신을 성장시키거나 발전시킬 수 없게 된다는 생각한다.

독서를 통해 자신을 향상시키고 완성시켜 나가고자 하는 사람과 그저 독서를 통해 남에게 잘 보이고자 하는 사람의 독서 효과는 격차가 매우 크게 벌어질 수밖에 없을 것이라고 말하고 싶다.

남명 조식 선생의 말처럼, 남에게 보이기 위한 공부를 경계해야 한다. 자신의 진정한 공부 발전을 위해서는 자기 자신의 수양과 성장에 집중해야 한다. 남에게 자랑하고 보이려고 공부를 해서는 절대 안 된다고 경계했다.

" 요즘 공부하는 자들을 보면, 생활 속의 작은 일들은 몸소 실천할 줄 모르면서 입으로만 천리(天理)를 말해 명성이나 얻고 남을 속이려 한다."

< 박희병, [선인들의 공부법], 109쪽, [남명집] 중에서 >

결국 실천보다는 남에게 보여서 명성이나 얻으려는 공부를 하는 사람들이 그 당시에도 적지 않았다는 사실을 우리는 반면교사로 삼아야 할 것 같다.

– 참된 앎을 실천하는 공부를 하다.

남명 조식 선생의 공부에 대해 좀 더 심도 있게 알아보자. 그의 공부의 영향력을 알 수 있는 대목들을 다른 책에서도 쉽게 찾아볼 수 있었다.

“ 남명 조식, 그는 퇴계와 동시대에 태어나 비범한 생을 살다간 철인(哲人)이다. 1501년 경상도 삼가현 토골에서 태어나 올곧은 처신과 맑은 정신으로 사림의 종장(宗匠)이 된 인물이다. 평생 벼슬길에 오르지 않았으나 조선의 지성계에 큰 획을 그은 수많은 인재가 그의 문하에 구름처럼 몰려들었다. 그의 문하에서 곽재우, 정인홍, 조종도 등 기라성 같은 임란 의병장이 배출되었다. 그 밑바탕에는 얼음처럼 차갑고 개결한 남명 정신이 스며 있다. “ < 정순우, [공부의 발견], 232 ~ 233 쪽 >

그로 하여금 평생 벼슬길에도 오르지 않았음에도 조선의 지성계에 큰 획을 그은 수많은 인재들이 구름처럼 몰려들게 한 것은 무엇이었을까?

그것을 필자는 그의 고결한 공부론 때문이었다고 말하고 싶다. 실제로 그의 공부론에 대해 말하는 학자들은 남명 조식 선생의 공부와 삶이 매우 고결했고, 참된 앎을 실천하는 데 까지 나가는 참된 공부였다고 평가하고 있음을 쉽게 발견할 수 있다.

“ 공부하는 목적이 앎의 추구뿐 아니라 참된 앎을 삶에서 실천하는 것을 함께 의미한다면, 이에 걸맞는 인물은 남명 조식일 것이다. 그는 학문을 알기만 하면 족한 것이 아니라 몸소 실행해 보는 반궁체험(反躬體驗)과 지경실행(持敬實行)이 더욱 중요한 것이라 주장하였다.”

< 정순우, [공부의 발견], 233 쪽 >

남명 조식 선생은 이렇게 참된 앎을 실천하는

공부를 추구했다고 할 수 있다. 그 이유는 평생 벼슬길을 거절했고, 세상에 나가 출세하는 것에 마음을 빼기지 않고 안빈자락(安貧自樂)할 줄 알았던 학자였기 때문이다.

선비로서 진정한 자격은 바로 안빈자락이 아니었을 까? 글을 읽고 공부하는 선비가 되었다면 최소한 안빈자락할 줄 알아야 한다고 필자는 생각한다. 물론 세상에 나가서 백성과 임금을 위한 활동을 한다고 해서 선비가 아니라고 하는 것은 아니다. 세상에 나가서 자신의 공부를 활용하여 백성과 임금을 위해 헌신하는 경우도 역시 참 된 선비의 길이라고 필자는 생각한다.

그런 점에 반드시 정해진 길과 모델은 없다고 할 수 있다. 가장 나쁜 경우는 헛된 공부를 하거나 공부를 했다고 해도 헛된 것에 마음을 빼앗기고, 참된 삶에 대한 실천이 없는 경우라고 할 수 있을 것이다. 이런 측면에서 남명 조식은 참된 선비의 모델이 될 수 있었다고 생각한다.

"당시 유일(愉逸)에 가탁(假託)하여 실제 학덕을 갖추지 않고 한갓 허명(虛名)으로 이름을 도둑질하고 세상을 속이는 자가 많았다. 그러나 조식은 몸을 바르게 지키고 깨끗함을 보전하여 초야에 묻혀 세상에 드러내려고 하지 않았으나 난초가 절로 향기를 풍기듯, 그 명망이 조정에 전달되어 관직이 누차 제수되었으나 안빈자락하여 끝내 출사하지 않았으니 그 뜻이 가상하도다. 그러나 조식은 세상을 결코 잊지는 않았다." < < 정순우, [공부의 발견], 247쪽 >

물론 그에 대한 평가가 모두 동일할 수는 없다. 율곡의 평가는 매우 박절하기도 했다. 하지만 한 가지 분명한 사실은 시종일관 절개를 지키고 구차하게 복종하지도, 구차하게 침묵하지도 않았으며, 고결하고 깨끗한 삶을 그가 살았다는 사실이다.

“ <독서는> 모름지기 이렇게 해야 한다. <공부는> 맹장(猛將)이 병사를 부릴 적에 한 번 진을 쳐서 적을 무찌르는 것처럼, 혹독한 관리가 법을 적용할 적에 심각하게 하여 전혀 인정이 없는 것처럼 해야 한다.”

– 성호 이익 –

성호 이익 _ 용맹한 장수처럼 공부하라.

" 치지(致知)와 함양(涵養)은 둘 다 병행해야 할 공부이다. 그러나 초학자에게는 치지가 먼저다. 치지는 독서하고 궁리하는 것으로 요점을 삼는 다. 그러니 어찌 전적으로 함양에만 의존할 것인가? "

" 경전을 연구하는 것은 장차 세상에 활용하기 위해서다. 경전에 대해 말하면서 그것을 천하만사에 활용하지 않는다면 이는 그저 글자를 읽는데 불과하다."

“경전을 연구하는 사람은 반드시 그 본뜻을 연구하고 철저히 방증하여 자신을 수양하고 세상을 편안케 하는 근본으로 삼아야 한다.”

“자신의 덕을 날마다 새롭게 하는 공부를 오랫동안 하다 보면 게을러져서 교만하고 인색한 마음이 생기고, 그러면 곧 자만심이 싹튼다.

– 18세기 조선 실학과 경제학의 거두.

성호 이익은 한 마디로 18세기 조선의 실학과 경제학의 거장이었다. 그가 실학과 경제학의 거장이 될 수 있었던 것은 형 이잠(李潛)이 당쟁으로 목숨을 잃게 되는 사건 때문이었다고 해도 과언이 아닐 것이다.

그가 입신양명에 뜻을 두고 과거 공부에 매달리던 26살 때, 둘째 형 이잠이 임금에게 상소한 내용이 문제가 되어 역적으로 몰려 처형당하는 참극이 일어났던 것이다. 자신이 가장 존경한 둘째 형이 당쟁의 칼바람 앞에 무참하게 쓰러지는 광경을 목격한 그는 정치의 냉혹함을 절실히 깨닫고 출세의 뜻을 완전히 접어버렸던 것이다.

바로 이러한 일로 인해 성호 이익은 26세 때부터 83살까지 오로지 독서와 사색 그리고 저술과 제자 양성에만 힘을 쓰게 되었고, 평생 학문에 힘쓴 결과 일가(一家)를 이룰 수 있게 되었던 것이다.

그의 학문이 넓고 깊은 이유는 그가 입신양명의 뜻을 접게 됨으로써 과거 급제를 위한 좁은 학문의 울타리를 벗어나 마음껏 넓은 학문, 즉 세계와 인간 그리고 사회 현실을 이해하고 세상을 편안하게 할 수 있는 학문으로 나아갈 수 있게 되었기 때문이라고 할 수 있다.

그리고 그가 그렇게 큰 일가를 이룰 수 있게 된 것은 26세 때 시작한 공부를 평생 거침없이 맹렬하게 학문에 대한 그 기세를 꺾지 않고 전진해 나갔기 때문이라고 필자는 생각한다.

손자는 [손자병법]에서 기세(氣勢)의 중요성과 힘을 피력한 적이 있다. [손자병법] 제 5편인 '병세편' 에 보면 전쟁을 잘하는 장수는 반드시 기세를 통해 승리를 구한다는 말이 다음과 같이 나온다.

" 따라서 전쟁을 잘하는 장수는 '기세(勢)' 에서 승리를 구하고, 병사들에게 책임을 지우지 않는다. 따라서 능히 사람을 버리고 기세에 (모든 것을) 맡긴다. 기세에 맡긴다는 것은 그 싸우는 사람이 마치 목석(木石)을 구르게 하는 것과 같은 것이다. 목석의 성질은 평평하면 고요히 멈추어 있고, 위태로우면 움직이며, 네모지면 정지해 있고, 둥글면 굴러가기 마련이다. 따라서 전쟁하는 장수가 기세를 잘 만들어내는 것은 마치 둥근 돌을 천 길 높이의 산에서 굴러 내려오게 하는 것이니 (이것이) 기세이다." < 김원중, [손자병법], 144쪽 >

니콜로 마키아벨리는 이런 이야기를 한 적이 있다.

“ 내 견해로는 조심스러운 것보다 맹렬한 편이 낫다. 운명이란 여자와 같아서 정복하고 싶다면 굴복시켜야 한다. 운명은 조심스럽게 접근하는 사람보다는 맹렬한 사람들에게 자신을 차지하도록 허용할 게 분명하다.” <로버트 그린, [50번째 법칙] 중에서 >

성호 이익의 공부법은 맹렬하게 따라 붙어서 거침없이 전진해 나가는 그런 맹렬한 공부였고, 그러한 공부 스타일로 인해 그는 알 때 까지 질문을 하기를 좋아하는 그런 공부법을 선호했다라고 말 할 수 있을 것이다.

– 임계점을 돌파하는 공부를 하라. _ 취진공부((驟進工夫))

조선의 선비 성호 이익 선생은 공부 할 때 하루에 조금씩 축적해 나가는 그런 공부보다는 용맹한 장수가 한 번 진을 쳐서 적을 무찌르듯이 거침없이 몰아쳐서 맹렬하게 추진해 나가는 그런 공부를 해야 한다고 말한다.

그런 점에서 볼 때, 천리마가 하루에 천리를 거침없이 내달리듯 몰아치는 그런 공부를 해서 막힌 것을 뚫어 버리는 그런 공부를 했다고 할 수 있다. 필자는 이런 공부가 바로 임계점을 돌파해 버리는 그런 공부라고 생각한다.

라면을 먹기 위해 물을 끓일 때도 아무리 매일 자주 끓여도 80도나 90도에 멈추어 버린다면 평생 라면을 해 먹을 수 없다. 반드시 몰아쳐서 100도가 넘어야 물이 끓기 때문이다. 이처럼 성호 이익 선생은 임계점을 돌파해 버리는 그런 공부, 한 번 칼을 뽑았으면 끝까지 하는 공부, 한 번 공격했으면 끝을 보는 공부를 해야 한다고 말한다.

" 치지(致知)와 함양(涵養)은 둘 다 병행해야 할 공부이다. 그러나 초학자에게는 치지가 먼저다. 치지는 독서하고 궁리하는 것으로 요점을 삼는다. 그러니 어찌 전적으로 함양에만 의존할 것인가? 주자의 말에 " 사람들은 독서할 적에는 조용히 완미해야 한다고 말을 한다. 그러나 이는 스스로 태만하려는 구실이다. "라고 하였다. 종일토록 빈둥대는 데도 그것을 조용히 완미하는 것이라 한다면, 도리어 공부를 하는 바가 없게 될 것이다. 그러므로 그렇게 탄식한 것이다. 이럴 때는 취진(驟進) 두 글자가 가장 좋다.

<독서는> 모름지기 이렇게 해야 한다. <공부는> 맹장(猛將)이 병사를 부릴 적에 한 번 진을 쳐서 적을 무찌르는 것처럼, 혹독한 관리

가 법을 적용할 적에 심각하게 하여 전혀 인정이 없는 것처럼 해야 한다. 모름지기 한 매를 때리면 한 줄기의 흔적이 나타나고, 손바닥으로 치면 손바닥의 자국이 생기듯이 하는 것이, 곧 농부에 힘을 쓰는 절도다. 그렇지 않고 마치 큰 돌을 굴릴 때, 오늘 한 번 흔들고 내일 다시 한 번 흔들고, 또 그 다음날 다시 한 번 흔든다면, 이와 같이 하기를 수천 날 하더라도 그 돌을 움직일 가망이 없을 것이다. 반드시 1푼이 움직일 때 더욱 힘을 써 떠밀어서 2푼이나 3푼에 이르게 하고, 계속해서 10푼에 이르도록 하여 괴고 일으켜 구르도록 하여야 바야흐로 효과가 있다. 내가 일찍이 이를 시험해 보았다. "

< 최석기, [우리가 꼭 알아야 할 공부], 288 ~ 289쪽, 이익, [성호사설], 권13 >

성호 이익 선생이 40세 전후부터 책을 읽다가 느낀 점이 있거나 흥미 있는 사실이 있으면 그 때그때 기록해 둔 것들을 그의 나이 80에 이르렀을 때에 집안 조카들이 정리한 책이 바로 [성

호사설]이다. 그 책은 천지문(天地門) · 만물문(萬物門) · 인사문(人事門) · 경사문(經史門) · 시문문(詩文門)의 다섯 가지 문(門)으로 크게 분류해 놓았고, 총 3,007편의 항목에 관한 글이 실려 있다고 한다. [성호사설]에 대해서는 바로 뒤에서 다시 자세하고 이야기를 나누어 볼 것이다.

[성호사설]에 있는 내용 중에서도 이 대목은 인사문의 [취진공부(驟進工夫)] 부분에 실린 글이다. 성호 이익 선생이 강조한 공부의 방법은 다른 선비들이 주장했던 것과 내용면에서 다소 차이가 있음을 알 수 있다.

취진(驟進)이란 말은 한 마디로 '빠르게 나아간다' '빠르게 도약한다.' 란 의미라고 할 수 있다. 즉 다시 말해, 맹렬하게, 뜨겁게, 질주해 나가면서 공부하는 그런 공부의 자세라고 할 수 있다.

–세상을 편안하게 하는 공부를 하라.

성호 이익은 공부하는 사람은 반드시 세상을 편안하게 하고, 세상에 활용하기 위해서 공부를 해야 한다고 주장했다. 공부를 하면서도 그것을 세상에 활용하지 않는다면 이것은 그저 글자를 읽는 것에 불과하다고 말했다.

그의 시문집인 <성호전서>에 보면 이런 글들이 나온다.

" 경전을 연구하는 사람은 반드시 그 본뜻을 연구하고 철저히 방증하여 자신을 수양하고 세상을 편안케 하는 근본으로 삼아야 한다. 만일 경전 가운데 한 구절의 뜻을 옳게 밝히지 못하면 그에 상응하는 한 가지 일에 결함이 생긴다고 여겨야 할 것이다."

< 박희병, [선인들의 공부법], 139쪽, [성호전서] 중에서 >

그는 또한 이런 말도 했다.

“ 경전을 연구하는 것은 장차 세상에 활용하기 위해서다. 경전에 대해 말하면서 그것을 천하만사에 활용하지 않는다면 이는 그저 글자를 읽는데 불과하다.”

< 박희병, [선인들의 공부법], 139쪽, [성호전서] 중에서 >

성호 이익이 추구한 공부는 세상에 활용할 수 있는 공부였다. 그래서 글 뜻에만 너무 얽매이는 그런 공부에 대해 항상 경각심을 가지고 있었고, 곡식 한 톨도 생산하지 못 하는 자기 자신에 대해 좀벌레라고 말하기도 했다.

주자(朱子)는 만년에 글뜻에만 너무 얽매이는 문하생들을 걱정한 적이 있다고 한다. 그런데 성호 이익 선생도 이런 점에서 비슷하다고 할 수 있다고 말할 수 있을 것이다.

“ 나는 천성이 글을 좋아한다. 그러나 종일토록 고심하여 글을 읽어도 실오라기 하나 곡식 한 톨도 내 힘으로 생산하지 못하니, 어찌 이른바 하늘과 땅 사이의 한 마리 좀벌레가 아니겠는가.” < 박희병, [선인들의 공부법], 144쪽, [성호전서] 중에서 >

성호 이익 선생은 공부가 현실 문제에서 동떨어져 있는 것에 대해 매우 경계했다. 그래서 퇴계 이황의 글이 오로지 도와 그것의 실천에만 힘쓰고, 현실문제에 대해서 전혀 언급하지 않았던 것을 지적하기도 했다.

이렇게 현실에 대한 지식인의 책무에 대한 양신적인 반성 및 자각을 토대로 한 그의 학풍이 결국 실학의 대가인 정약용과 같은 실학자들로 이어지게 되었던 것은 당연하고도 자연스러운 일이었다고 말할 수 있을 것이다.

– 조선의 백과사전을 편찬하다.

성호 이익이 살았던 시기인 18세기에 프랑스의 계몽사상가들은 백과전서를 편찬 했다. 그리고 이 때 성호 이익은 조선의 초야에 묻혀 조선의 백과사전 격인 [성호사설]을 펴냈다. 40세를 전후한 시기부터 책을 읽으며 연구하고 사색하고 사물을 관찰해서 알게 된 점과 제자들과 묻고 답한 내용 등을 기록한 것들이었다. 그런데 나이 80세가 되자 집안 조카들이 정리해 책으로 묶었던 것이다.

이 책은 조선 후기 실학 발전에 있어서 매우 중요한 의미와 계기를 마련해 준 책이라고 평가할 수 있다. 서양의 새로운 지식에 대한 성호 이익의 개방적 태도와 실학적 학풍, 해박한 학식이 집대성되어 다산 정약용, 순암 안정복 등에 깊은 영향을 미치기도 했다. 그 결과 조선 후기 실학(實學) 발전의 학문적 토대가 될 수 있었다고 한다.

좀 더 구체적으로 [성호사설]에 대해 살펴보자. [성호사설]은 총 30권 3,007개 항목의 백과사전이라고 할 수 있다. 여기에는 천문과 지리에 관한 천지문(天地門) 3권, 의식주 등 일상생활에 관련된 여러 사물과 현상을 다룬 만물문(萬物門) 3권, 정치 경제 사회 종교 인물을 논한 인사문(人事門) 11권, 사서육경과 역사서를 다룬 경사문(經史門) 10권, 역대 문인들의 시와 문장을 평한 시문문(詩文門) 3권으로 돼 있다.

집안의 조카들이 그의 글을 정리해 편찬할 때 성호 이익은 스스로 지은 서문(序文)을 썼다. 그것을 간략하게 소개하면 다음과 같다.

"[성호사설]은 성호 노인의 희필(戱筆)이다. 성호 노인이 이것을 지은 것은 무슨 뜻에서일까? 특별한 뜻은 없다. 뜻이 없었다면 왜 이것이 만들어졌을까? 성호 노인은 한가로운 사람이다. 독서의 여가를 틈타 전기(傳記), 제자백가서, 문집, 문학, 해학이나 혹은 웃고 즐길 만해 두고 열람할 수 있는 것을 붓이 가는 대로 적었다. 이렇게 많이 쌓였다는 것을 미처 깨닫지 못했다. 처음 잊어버리지 않으려고 권책에 기록하게 되었는데, 훗날 제목별로 그대로 나란히 늘어놓고 보니 다시 두루 열람할 수 없어서 다시 문별(文別)로 분류해 드디어 한 질의 책을 만들었다. 이에 이름이 없을 수 없어서 '사설(僿說)' 이라고 이름을 붙였다."

< 이익, [성호사설], '자서(自序)' >

성호 이익은 자신의 책을 겸손하게 희필(戱筆)이라고 낮추어 말했지만 이 책은 당시의 학문, 사상은 물론 사회 현실과 실생활에 관한 지식과 정보가 총망라되어 있는 '백과전서(百科全書)' 였던 것이다.

– 자만심을 경계하고 날마다 새롭게 되는 공부를 하라.

성호 이익은 공부하는 사람은 반드시 자만심을 경계해야 한다고 말한다. 자만심을 경계하고, 항상 질문하기를 좋아하는 그런 공부를 해야 한다고 말한다. 질문을 한다는 것은 게으른 사람들은 절대로 할 수 없는 것이라고 할 수 있다.

이렇게 항상 질문하기를 좋아하게 되면 날마다 새롭게 되는 공부를 할 수 있다고 말한다.

" 자신의 덕을 날마다 새롭게 하려면 모름지기 훌륭한 스승을 만나야 하고, 스승을 만나려면 모름지기 묻기를 좋아해야 한다. 묻기를 좋아하는 것이야말로 덕을 날마다 새롭게 하는 근본이다. 날마다 새롭게 되는 공부는 오늘 묻기를 좋아하고 내일 묻기를 좋아하여 평생토록 부지런히 노력하여 자만하는 마음을 가지지 않는 데 있다. "

< 박희병, [선인들의 공부법], 142쪽, [성호전서] 중에서 >

또 성호 이익은 게을러져서 교만하고 인색한 마음이 생기게 되면 곧 자만심이 싹트게 되므로 이러한 것들을 경계해야 한다고 말한다. 그래서 날마다 새롭게 되는 공부를 하기 위해서는 그러한 공부가 더디고 힘들다는 사실을 인식해야 한다고 말한다.

" 자신의 덕을 날마다 새롭게 하는 공부를 오랫동안 하다 보면 게을러져서 교만하고 인색한 마음이 생기고, 그러면 곧 자만심이 싹튼다. 자만심이 싹트면 남이 자기만 못하다고 여기게 되고, 남이 자기만 못하다고 여기면 자기 마음대로 하게 된다. 자만심, 남이 자기만 못하다고 여김, 자기 마음대로 함, 이 세 가지가 차례로 연달아 닥침은 비유컨대 식초에 초파리가 덤비고 양고기에 개미가 모이는 것과 같다. 그러므로 날마다 덕을 새롭게 하는 공부는 마치 넝쿨을 잡고 높은 데로 올라가는 것처럼 더디고 힘들다는 사실을 알아야 하고, 자만심의 해악은 언덕을 달려내려오는 것처럼 빠르고 쉽다는 사실을 알아 경계해야 한다.”

< 박희병, [선인들의 공부법], 143쪽, [성호전서] 중에서 >

즉 공부는 마치 넝쿨을 잡고 높은 데로 올라가는 것처럼 더디고 힘들다고 그는 말한다. 그렇기 때문에 자만심이 생기고, 남을 자기보다 못하다고 여기고, 자기 마음대로 하고자 하는 마음이 생길 때 조심해야 한다고 말하고 있다.

– 가난은 선비에게 당연한 것이다.

조선의 선비들에 대해 가장 부정적인 편견 중에 하나가 가족들은 모두 가난 때문에 굶주리고 헐벗으면서 고생을 해도, 나가서 돈을 벌 생각은 전혀 하지 않고 방 안에서 책 보는 재미와 공부의 사명과 본분을 다하는 가난한 선비일 것이다.

성호 이익은 이 당시에 선비들을 가장 힘들게 했던 것들 중에 하나가 바로 가난이었고, 이것은 선비에게는 어쩔 수 없이 짊어지고 가야 할 당연한 일이라고 생각했다.

" 사민(四民) 중 오직 선비만이 가난을 상사(常事)로 여긴다. 농사꾼과 장인, 장사꾼은 노동을 하여 생계를 꾸려야 하는 법이니, 굶주리고 헐벗을 경우 그 책임은 그들 자신에게 있다. 선비의 경우는 오직 책에만 마음을 쓰므로 실오라기 하나, 곡식 한 낟도 스스로 생산하지 않는다. 만약 자신이 사는 시대에 벼슬하지 못한다면 입성과 먹을 것이 나올 데가 없다.”

< [주자문자전], 제14권 [인사문], 강명관, [성호, 세상을 논하다], 39쪽 >

결국 선비란 본질적으로 책을 읽는 사람이다. 책을 읽고 공부한다는 것은 결국 배우고 익히고 자신을 성장시킨다는 것이다. 이것은 결국 소비적인 활동에 속한다. 굳이 소비적인 활동은 아니라고 생각할 수는 있지만, 그래도 생산적인 활동은 전혀 아니다.

특히 경제적인 활동이라고 할 수 없기 때문에 책을 보는 사람들, 즉 선비들은 당연히 경제적으로 힘든 삶을 사는 것이 어쩌면 당연하다고 할 수 있다.

필자의 경우도 만약에 조선 시대에 태어났다면 책을 보고 공부를 하면서 가난을 면치 못 했을 것이다. 하지만 시대를 잘 타고 난 덕분에 책을 보고 공부를 해도 부자로 살아갈 수 있을 것 같다. 왜냐하면 책을 본 만큼, 책을 쓸 수 있기 때문이고, 그 결과 윤택한 생활을 할 수 있기 때문이다.

조선 시대를 비롯해서 어떤 시대든 책만 보고 공부를 하는 사람이 평생 경제적으로 궁핍하지 않고 살아갈 수 있는 방법은 많지 않았다. 특히 조선 시대에는 별다른 생계대책이 없었다고 해도 과언이 아니었다.

성호 이익은 선비들에게 궁핍이 매우 큰 문제라는 사실을 지적하기도 했다.

" 내가 지금 세상의 훌륭한 선비들을 보니, 어떤 이는 오직 문학에만 뜻을 두고 집안일을 팽개쳐버린 나머지 수습할 수 없는 지경까지 이르기도 한다. 그래서 조상을 받들지도 부모를 봉양하지도 못하고, 아내와 자식이 헐벗고 굶주리게 되면, 그가 가졌던 뜻도 따라서 변하니, 아무리 후회해도 미칠 수가 없다."

< [학문을 위한 생계대책] 제7권, [인사문], 강명관, [성호, 세상을 논하다], 41쪽 >

사람이 아무리 공부를 많이 해도 가난하게 되면 사람 구실을 하기가 쉽지 않다. 또한 가난하다는 이유 하나만으로 친구에게 버림을 받고, 아내와 첩에게 괄시를 당하고, 남에게 천대를 받게 된다. 결국 마음도 옹졸해지고, 스스로 학문에 대한 굳은 뜻을 바꾸지 않을 수 없게 되는 그런 지경에 이르게 된다.

조선 선비들의 생계 상황이 이 지경까지 되다 보니, 성호 이익은 생계 대책으로 책을 찍어 생계를 유지하라고 조언해 준다.

" 군색함이 이루 다 말할 수가 없을 정도라 온갖 일에 절약을 해도 아침저녁 끼니를 이을 수가 없을 지경이거늘, 흠부는 책을 인쇄하는 일을 자못 마땅찮게 여겨 되레 ' 따로 소소한 생계대책을 마련하는 것이 해롭지 않겠다.' 고 한다. 이것은 정말 이해하지 못 할 말이다. 달리 생계대책을 꾸리는 것은 도리어 더 비루한 일이 될 것 같다."

< [주자문자전], 제14권 [인사문], 강명관, [성호, 세상을 논하다], 44쪽 >

농사를 짓거나 장사를 하는 것은 전혀 다른 일을 새로 시작해야 하는 것이지만 책을 찍어 파는 일은 자신이 하던 공부와 매우 관련이 있는 일이기에 필자도 동의하는 바이다. 하지만 그 시대에 조선에서는 인쇄, 출판은 국가가 거의 독점했을 뿐만 아니라 오늘 날처럼 베스트셀러 작가가 되어 큰돈을 버는 사람이 단 한 명도 없었다는 사실에 주목해야 할 것 같다.

insight in 조선 선비 1 _ ‘ 선비가 지켜야 할 36가지 덕목 ’

1. 하늘을 원망하지 않고 사람을 탓하지 않는다.
2. 이 세상에 도를 펴는 것을 자기 책무로 삼는다.
3. 나라가 위태로우면 목숨을 던진다.
4. 항상 세상을 걱정한다.
5. 널리 대중을 사랑한다.
6. 세상 모든 일을 감당할 수 있어야 한다.
7. 말보다 실천이 앞서야 한다.
8. 의리에 따라 행동한다.
9. 남의 장점은 이루어지도록 도와주고 나쁜 점은 이루지 못하도록 한다.
10. 가난을 마다하지 않는다.
11. 남이 자기를 알아주지 않을 까 걱정하지 않고, 자기가 남을 알아보지 못할 까 걱정한다.
12. 아첨하지 않는다.
13. 항상 반성하는 시간을 갖는다.

14. 몸을 닦고서 집안을 가지런히 한다.

15. 조상을 극진히 받든다.

16. 효를 조행의 기본으로 삼는다.

17. 성실하고 신용을 지킨다.

18. 허물이 있으면 당장 고친다.

19. 자기보다 나은 자를 벗으로 삼는다.

20. 일에는 민첩하고 말은 신중하게 한다.

21. 먹는 일에 배부름을 추구하지 않는다.

22. 거처에 편안함을 추구하지 않는다.

23. 이름을 바로잡는다.

24. 온화하면서도 엄하게 한다.

25. 위엄이 있으면서도 사납지 않다.

26. 아랫사람에게 묻는 것을 부끄러워하지 않는다.

27. 있으면서도 없는 듯하고, 가득 차 있으면서도 텅 빈 듯이 한다.

28. 남이 침범해도 맞받아 다투지 않는다.

29. 두루 친하되 편을 짓지 않는다.

30. 마음을 늘 편하고 너그럽게 지닌다.

31. 화합하나 뇌동하지 않는다.

32. 태연하나 거만하지 않는다.

33. 언제나 자기에게서 구한다.

34. 성현의 가르침에 따라 행동하고 자기 주견을 말할 때도 옛사람의 말씀을 인용한다.

35. 사사로운 일보다는 공적인 일을 앞세운다.

36. 내 마음을 미루어 남을 헤아린다.

insight in 조선 선비 2 _ '조선 시대 선비라면 반드시 읽어야 할 책'

1. 조선 후기 이덕무가 뽑은 명저 3 종 세트.

- 이이의 <성학집요> _ 개인과 제왕의 심성 수양.

- 허준의 <동의보감> _ 사람의 질병을 치료.

- 유형원의 <반계수록> _ 국가의 경제와 제도를 논함.

2. 19세기 학자 홍한주가 뽑은 명저 4종 세트.

- 이이의 <성학집요> _ 개인과 제왕의 심성 수양.

- 허준의 <동의보감> _ 사람의 질병을 치료.

- 유형원의 <반계수록> _ 국가의 경제와 제도를 논함.

- 이만운의 <문헌비고> _

3. 대중적인 인기로 조선시대를 대표하는 베스트셀러 3종 세트.

– 이중환의 <택리지> _ 조선 전 지역에 대한 인문 지식을 다룸.

– 홍만종의 <소화시평> _ 조선 시의 성과를 일목요연하게 정리.

– 작자 미상의 <춘향전> _ 조선 소설의 백미.

4. 일본 저술 가운데 유일하게 조선 선비들이 읽은 책.

– 테라시마 료오안의 <화한삼재도회> _ 사물과 현상을 그림으로 그리고

간단한 설명을 붙인 책으로 도설식 圖說式 사전.

5. 18 ~ 19세기 실학자들이 읽고 크게 감명받은 책.

- 이시진의 <본초강목> _ 의학, 생물학의 전무후무한 고전.

- 왕상진의 <군방보> _ 가장 오래된 꽃에 대한 백과사전.

- 테라시마 료오안의 <화한삼재도회>

6. 중국에 출간 된 조선 선비들의 책.

- 최치원의 <계원필경집>
- 허난설헌의 <난설헌집>
- 허준의 <동의보감>

7. 일본에서 출간 된 조선 선비들의 책.

- 유길준의 <서유견문>
- 김득련의 <환구음초>
- 박제형의 <조선정감>
- 김시습의 <금오신화>

< 출처 및 참조, 안대회, [선비답게 산다는 것], 247 ~ 262쪽의 내용을 쉽고 간단하게 요약 정리함 >

insight in 조선 선비 3 _ ‘ 조선 시대 선비들의 하루 일과 ’

오전

2 ~ 4 시 계명(鷄鳴) : 기상(여름철), 앎과 느낌을 개발하는 공부.

4 ~ 6 시 매상(昧爽) : 기상(겨울철), 새벽 문안, 뜻을 세우고 몸을 공경히 하는 공부.

6 ~ 8 시 일출(日出) : 자제들에게 글을 가르침. 독서와 사색.

8 ~ 10시 식시(食時) : 식사. 마음을 가다듬고 고요히 살핌.

10 ~ 12 시 우중(禺中) : 손님 접대, 독서.

오후

12 ~ 2 시 일중(日中) : 일꾼들을 살핌, 친지에게 편지. 경전과 역사의 독서.

2 ~ 4 시 일질(日昳) : 독서 또는 사색, 여가

를 즐기거나 실용 기술을 익힘.

4 ~ 6 시 일포(日晡) : 식사. 여유 있는 마음으로 독서. 성현의 기상을 본받는 묵상.

저녁

6 ~ 8 시 일입(日入) : 가족과 일꾼의 일을 점검함. 자제들 교육.

8 ~ 10 시 황혼(黃昏) : 일기, 장부 정리, 자제 교육, 우주와 인생, 자기 행동에 대한 묵상.

10 ~ 12 시 인정(人定) : 수면, 심신을 안정시키고, 원기를 배양함.

12 ~ 2 시 야반(夜半) : 깊은 잠, 밤기운으로 심신을 북돋움.

(전거 : 윤최식, [일용지결], 1880년) < 출처: 정옥자, [우리가 정말 알아야 할 우리 선비], 397쪽 참조

부록

공부 관련 어록

< 국내 공부 관련 어록 >

“공부를 그저 출세의 수단으로만 여겨서는 공부도 잃고 나도 잃는다.” _ 다산 정약용

“백년도 못 되는 인생이 공부를 하지 않는다면 이 세상에 살다 간 보람을 어디서 찾겠는가?” _ 다산 정약용

“사람이 세상에 나서 책을 안 읽고(공부를 하지 않고) 무슨 일을 하겠는가?’

_ 다산 정약용

“제대로만 익히면 1백 권의 책을 열흘에 해치울 수 있다. 공부에는 요령이 필요하다. 초서를 통해 그 요령을 익힐 수가 있다.”
_ 다산 정약용

“ 실제에 쓸모가 없다면 하나마나한 공부다. 물론 학문 자체가 다 실용적일 수는 없고, 그래서도 안 된다. 다만 학문을 위한 학문, 학문으로 끝나는 학문이어서는 곤란하다. 학문을 함으로써 세상을 보는 안목이 툭 터지고, 식견을 깨칠 수 있어야 한다.” _ 다산 정약용

“ 인간으로 하여금 짐승과 벌레의 부류를 벗어나 저 광대한 우주를 지탱하게 만드니, 독서야말로 우리들의 본분이라 하겠다.” _ 다산 정약용

“ 학문은 천하의 공변된(공평한) 것이다. _ 다산 정약용

“학문하는 길에는 방법이 따로 없다.” _ 연암 박지원

“선비가 하루 독서(공부)하지 않으면 면목이 곱지 못하고 언어가 곱지 못하고, 갈팡지팡

하여 몸을 의지할 데가 없어지고 마음을 둘 데가 없어진다." _ 연암 박지원

"독서를 하면서 써먹을 것을 구하는 것은 모두 사심에서 비롯된 것인데, 해 마칠 때까지 독서를 해도 학문에 진보가 없는 것은 사의(私意)가 그것을 해치기 때문이다."

_ 연암 박지원

" 선비가 독서(공부)를 하면 그 은택이 천하에 미치고, 그 공덕이 만세(萬世)에까지 전해진다." _ 연암 박지원

"공부는 사람다운 사람이 되기 위해 누구나 해야만 하는 아주 가까이 있는 것이며, 특별한 사람만이 하는 것은 아니다" _ 율곡 이이

"공부는 죽은 뒤에야 끝나는 것이니 서두르지도 않고 늦추지도 않아야 한다."

_ 율곡 이이

“공부라는 것은 일상생활과 일 속에 있다. 평소에 행동을 공손히 하고 일을 공경히 하며 남을 진실되게 대하는 것, 이것이 곧 공부라고 할 수 있다.” _ 율곡 이이

“공부를 하려는 노력은 늦춰서도 안 되고 조급하게 해서도 안 되며, 죽은 뒤에야 끝나는 것이다. 만약 그 효과를 빨리 바란다면 이 또한 이익을 탐하는 마음이다. _ 율곡 이이

“ 사람이 이 세상에 나서 학문에 의존하지 않고는 올바른 사람이 될 수 없다. 이른바 학문이란 것은 역시 이상하거나 별다른 것이 아니다. (...) 다만 학문하지 않은 사람은 마음이 막히고 식견이 좁기 마련이다. 그러므로 모름지기 글을 읽고 이치를 궁구하여 마땅히 향할 길을 밝힌 연후에야 조예가 올바르고 실천에 중도를 얻게 된다. ” _ 율곡 이이

" 요즘 사람들은 학문이 일상생활에 있는 줄은 모르고 망령되이 높고 멀어 행하기 어려운 것으로 생각하는 까닭에, 특별한 사람에게 미루고 자기는 자포자기한다. 이 어찌 불쌍한 일이 아니랴." _율곡 이이

" 사람이 비록 공부하겠다는 뜻을 가지고 있으면서도 용감하게 앞으로 나아가 학문을 이루지 못하는 것은, 오래된 습관이 가로막아 방해하기 때문이다." _ 율곡 이이

" 삼가 마음을 길러 근본을 세우고(居敬) 사물의 이치를 궁구하여(窮理) 선을 밝히며, 힘써 행하여 실천하는 것(力行), 이 세 가지는 공부하는 사람이 죽을 때까지 해야 할 일이다."

_ 율곡 이이

" 공부하는 사람은 항상 그 마음을 학문에 두어야지 다른 일에 얽매여서는 안 된다. "

_ 율곡 이이

“무릇 책을 읽는 사람은 반드시 단정히 앉아 삼가 공경하여 책을 대하며, 마음을 오로지 하고 뜻을 극진히 하여 글의 의미를 정밀하게 이해하고 깊이 생각할 것이며, 구절마다 반드시 실천할 방법을 찾아야 한다. 만일 입으로만 읽어서 마음으로 체득하지 못하고 몸으로 실행하지 못한다면, 책은 책이고 나는 나니 무슨 이로움이 있겠는가?” _ 율곡 이이

“공부를 하고도 사람을 사랑할 줄 모른다면 공부를 제대로 한 것이 아니다.” _ 퇴계 이황

“후일을 기다리지 말고 지금 당장 공부를 시작할 것이며, 의심하여 머뭇거리지 말고 자신의 형편에 따라 힘을 써야 한다.” _ 퇴계 이황.

“학문하는 것은 거울을 닦는 것에 비유할 수 있다. 거울은 본래 밝은 것이지만, 먼지와 때가 겹겹이 덮혀 있어 약을 묻혀 씻고 닦아야 한다.” _ 퇴계 이황.

“공부란 한번 껑충 뛰어서 도달하는 것이 아닙니다. 이전에 1, 2년 만에 공부를 완성할 수 있다고 기약한 적이 있는데, 뜻을 그렇게 가졌다면 참으로 거칠고 잘못된 생각이라고 하지 않을 수 없습니다. 공부는 평생을 걸쳐 해야 하는 막중한 사업입니다.” _ 퇴계 이황

“글을 읽는(공부를 하는) 가장 중요한 목적은 반드시 성현들의 말씀과 행동을 본 받아서 그것을 자기 것으로 만들 수 있는 경지에까지 도달하는데 있다.” _ 퇴계 이황

“ 학문을 넓게 배우되, 이를 자기 것으로 소화해서 그것에 힘입어 자신의 경지를 높이고 그 높은 경지에서 모든 사물을 환히 내려다보는 고명(高明)이 있고서야 행함이 도에 어긋나지 않고 세상의 쓰임에 이롭지 않은 것이 없다.” _ 남명 조식

“공부하는 사람은 잠을 많이 자서는 안 된

다. 사색하는 공부는 밤에 더욱 온전히 되기 때문이다." _ 남명 조식

" 학문이란 모름지기 스스로 깨침을 귀하게 여긴다. 한갓 책에 의존하여 알게 된 이치일 뿐이고 자기 마음속에서 참되이 깨달은 게 아니라면, 결국 아무 소용이 없다. 마음속에서 참되이 깨달은 것은 입으로 말하기 어렵다. 그러므로 학자는 말 잘하는 것을 귀하게 여기지 않는다." _ 남명 조식

" 요즘 공부하는 자들을 보면, 생활 속의 작은 일들은 몸소 실천할 줄 모르면서 입으로만 천리(天理)를 말해 명성이나 얻고 남을 속이려 한다." _ 남명 조식

" 치지(致知)와 함양(涵養)은 둘 다 병행해야 할 공부이다. 그러나 초학자에게는 치지가 먼저다. 치지는 독서하고 궁리하는 것으로 요점을 삼는다. 그러니 어찌 전적으로 함양에만 의존할 것인가? " _ 성호 이익

" <독서는> 모름지기 이렇게 해야 한다. <공부는> 맹장(猛將)이 병사를 부릴 적에 한 번 진을 쳐서 적을 무찌르는 것처럼, 혹독한 관리가 법을 적용할 적에 심각하게 하여 전혀 인정이 없는 것처럼 해야 한다."

_ 성호 이익

" 경전을 연구하는 사람은 반드시 그 본뜻을 연구하고 철저히 방증하여 자신을 수양하고 세상을 편안케 하는 근본으로 삼아야 한다. "
_ 성호 이익

" 경전을 연구하는 것은 장차 세상에 활용하기 위해서다. 경전에 대해 말하면서 그것을 천하만사에 활용하지 않는다면 이는 그저 글자를 읽는데 불과하다." _ 성호 이익

" 자신의 덕을 날마다 새롭게 하는 공부를 오랫동안 하다 보면 게을러져서 교만하고 인색한 마음이 생기고, 그러면 곧 자만심이 싹튼다. 자

만심이 싹트면 남이 자기만 못하다고 여기게 되고, 남이 자기만 못하다고 여기면 자기 마음대로 하게 된다. 자만심, 남이 자기만 못하다고 여김, 자기 마음대로 함, 이 세 가지가 차례로 연달아 닥침은 비유컨대 식초에 초파리가 덤비고 양고기에 개미가 모이는 것과 같다. 그러므로 날마다 덕을 새롭게 하는 공부는 마치 넝쿨을 잡고 높은 데로 올라가는 것처럼 더디고 힘들다는 사실을 알아야 하고, 자만심의 해악은 언덕을 달려내려오는 것처럼 빠르고 쉽다는 사실을 알아 경계해야 한다."

_ 성호 이익

"명색은 책을 읽는다 하면서 실제 몸으로 행하지 못하면 문장을 아름답게 꾸미게 하고 입만 번지르르하게 하는 도구일 뿐이니, 진정한 학문(공부)이 아니다 " _ 명재 윤증

" 쉬지 않는 공부를 한 뒤에라야 나중에 성취를 할 수 있다." _ 명재 윤증

“ 이른바 공부는 마음을 경동(驚動)시켜 성질을 참고 견디며, 의(義)를 정밀하게 하고 인(仁)을 익숙하게 하는 일입니다.”

_ 명재 윤증.

“ 독서하다 의심이 있으면 메모하는 공부가 가장 착실한 것이 됩니다. 그러면 남에게 묻기를 기다리지 않고서도 훗날 스스로 깨닫는 점이 많을 것입니다. 이에 대해 힘을 써야 합니다.” _명재 윤증.

“ 무릇 책을 보다가 의심이 생기거나 일을 하다가 의심이 들면 손 가는 대로 메모를 해 두었다가 남에게 물어보십시오. 터득하는 것이 있으면 또한 메모했다가 뒤에 살펴보는 자료로 삼으십시오. 메모하는 공부는 매우 좋습니다. 의심이 있거나 터득함이 있는데 이를 방치하면 잊어버리게 되며, 끝내는 득력할 곳이 없게 됩니다.” _ 명재 윤증

"옥도 다듬지 않을 수 없고, 재목도 깎지 않을 수 없으며, 사람도 배우지 않을 수 없는 것이다. 사람으로서 배울 줄 모른다면 지혜롭다고 할 수 없다'　　　_ 담헌 홍대용

"안자(晏子)와 맹자의 자질도 배우고 닦지 않으면 범부, 천졸(賤卒)에서 벗어나지 않을 것이다."　　　_ 담헌 홍대용

" 사람으로서 배울 줄 모른다면 지혜롭다고 할 수 있겠으며, 알면서도 행하지 못한다면 의롭다 할 수 있겠으며, 할 줄 알면서도 힘껏 하지 않는다면 용기가 있다고 할 수 있겠는가? "

_ 담헌 홍대용

" 요즘 공부하는 이들은 입만 열면 성선(性善)을 말하고 말만 하면 반드시 정자와 주자를 일

컫지만, 똑똑한 사람은 훈고訓詁에 빠지고, 어리석은 사람은 명예와 이욕에 골몰한다."

_ 담헌 홍대용

" 학문을 하는 데 늦고 빠른 것이 어디에 있느냐?" _ 점필재 김종직

'학문을 하는 까닭은 기질을 능히 변화시키기 위함이다.' _ 덕계 오건

" 학문(공부)이란 본래 평화로운 것이다. 인간사의 분쟁을 학문을 통해 화해시키고, 정치가 도리를 잃은 것을 학문을 밝혀 바로잡으니, 혼란을 막고 위기를 구해주며 어리석은 것을 깨우치고 악을 감화시키는 것이 바로 학문의 본의이다. _ 혜강 최한기.

“ 가르치고 배우는 것은 두 가지 일이 아니다.” _ 혜강 최한기.

“ 중년에 이르러 학업의 진취가 있는가의 여부와 많은가 적은가의 여부는 공부하는 사람 자신에게 달려 있다.” _ 혜강 최한기.

“ 학문의 성취는 무엇으로 기준을 삼을 것인가? 하늘과 사람의 큰 도를 분명히 이해하여 자기 몸에 실천하고 후학을 위해 길을 열어주는 것, 이것이 바로 그 기준이다.”

_ 혜강 최한기.

“ 도는 사람에게서 멀리 있지 아니하나니, (누구나) 공부하면 성인이 될 수 있다.”

_ 화담 서경덕

“ 군자가 공부를 귀히 여김은, 공부를 통해 그침(止)을 알게 되기 때문이다. 공부를 하고도 그침을 모른다면 공부하지 않은 것과 무엇이

다르겠는가." _ 화담 서경덕

'공부하는 데 있어 사물을 궁구하는 것을 먼저 하지 않는다면 독서를 한들 무슨 소용이 있겠는가!' _ 화담 서경덕

"옛 사람이 말하기를 '생각하고 또 생각하면 귀신이 통하게 해준다.' 라고 했는데, 귀신이 통하게 해주는 게 아니라 마음이 스스로 통하는 것이다." _ 화담 서경덕

"나의 학문(공부)은 모두 스스로 고심하고 온 힘을 다해 얻은 것이다."

_ 화담 서경덕

"옛날에는 공부를 하는 데 말을 많이 하지 않았습니다. 극기복례를 말하면 바로 실제의 극

기복례하는 공부를 했습니다. 그러므로 단지 '극기복례' 네 자만으로도 성인이 될 수 있었습니다. 오늘날에는 말이 매우 많아졌지만 원래 실제의 공부가 없습니다. 그러므로 또한 실제의 효과가 없는 것입니다."

_ 우암 송시열

" 학자에게 귀한 것은 자신의 심지(心志)가 안정됨으로써 사려(思慮)가 맑고 밝게 되는 것이다. 그런 뒤에 격물치지(格物致知)의 궁리공부(窮理工夫)를 비로소 조처함이 있게 된다. 마음에 배양하고 함축한 힘이 없으면, 이른바 박학(博學)하고 심문(審問)하고 신사(愼思)하고 명변(明辯)하며 성찰(省察)하고 극치(克治)하는 공부가 어디에 의지하고 근거하겠는가? "

_ 서애 유성룡

" 글 읽는 횟수는 시간을 배정해야 하고, 배정된 시간을 넘나들어 더 읽기도 하고 덜 읽기도 해서는 안 된다. 나는 어릴 때 하루도 공부하는 과정을 빼먹은 적이 없었다. 아침에 40, 50줄을 배워서 하루 50번을 읽었는데, 아침부터 저녁까지 다섯 차례로 분배하고 한 차례에 열 번씩 읽었다." _ 청장관 이덕무

< 해외 공부 관련 어록 >

“ 옛날 사람들은 자기를 위해서 공부하였는데, 오늘날 사람들은 남의 환심을 사기 위해서 공부한다.(고지학자위기古之學者爲己, 금지학자위인今之學者爲人)” _ 공자, [논어] (헌문편)

“ 곤경에 처했는데도 공부하지 않는다면 이는 곧 최하위의 사람이다.(곤이불학困而不學, 민사위하의民斯爲下矣).” _ 공자, [논어] (계씨편)

“ 배우기만 하고 생각하지 않으면 갈피를 잡을 수 없고, 생각하기만 하고 배우지 않으면 위험하다.(학이불사즉망學而不思則罔, 사이불학즉태思而不學則殆”

_ 공자, [논어] (위정편)

“배우길 좋아하고 깊이 생각하면 마음으로 그 뜻을 알게 된다(好學深思 心知其意)” ”

_ 사마천, [사기], 오제본기.

“ ‘만 권의 책을 읽으면 글을 쓰는 것도 신의 경지에 이른다. 讀書 破萬卷 下筆 如有神’

_ 두보.

“ 공부의 적은 자기만족이다. 진지한 공부는 반드시 불만족에서 시작되어야 한다.”

_ 모택동.

공부 관련 고사성어

과골삼천(踝骨三穿) _ 다산 정약용 선생이 강진 유배 시절 18년 동안 500권의 책을 저술 하실 정도로 매일 공부와 저술에 전념하면서 복사뼈에 세 번이나 구멍이 뚫렸을 정도로 열심히 공부하는 것을 말하는 고사성어.

판권

초판 인쇄: 2026년 1월 5일
초판 발행: 2025년 1월 5일

펴낸이: 김병완
펴낸곳: (주) 플랫폼연구소

출판등록: 제 2020-000075호

이메일: pflab2020@naver.com

주소:서울시 강남구 삼성동 116 백우빌딩 402호

ISBN 979-11-24195-55-0(03010)